I0166266

276.

1033

TRAITÉ

DV IARDINAGE

ex libris Recollectorum

SELON LES RAISONS DE LA NATVRE

ET DE L'ART

Conventûs Parisiensis

DIVISE EN TROIS LIVRES

Ensemble diuers desseins de parterres
Pelouzes Bosquetz et aultres
ornementz Seruans a l'embellissement
des Jardins

Par Iacques Boyceau Escuyer

S. de la Barauderie Gentilhomme
ordinaire de la Chambre
du Roy et Intendant
de Ses Iardins

1638.

AVEC PRIVILEGE
DV ROY

Michel van Lochom   fecit et excudit

TRAITÉ
DU
IARDINAGE
SELON LES RAISONS
DE LA NATVRE ET DE L'ART.

DIVISÉ EN TROIS LIVRES.

Ensemble diuers desseins de Parterres, Pelouzes, Bosquets, & autres
ornemens seruans à l'embellissement des Iardins.

Par IACQVES BOYCEAV, Escuyer Sieur de la Barauderie, Gentilhomme
ordinaire de la Chambre du Roy, & Intendant de ses Iardins.

Ex Conuentu   *Parisiensi*

F. F. Minorum   *Recollectorum*

A PARIS,

Chez MICHEL VANLOCHOM, ruë sainct Iacques,
à la Rose blanche.

M. DC. XXXVIII.

AVEC PRIVILEGE DV ROY.

Ex Dono D. Dominæ Menant.

AV ROY.

IRE,

Ayant pleu à Dieu retirer de ceste vie le sieur de la Barauderie mon Oncle, que Vostre Maiesté auoit honoré de la charge d'Intendant des Iardins de ses Maisons Royales; ie me suis trouué obligé par son ordre, de luy presenter ce Traicté du Iardinage, auec plusieurs desseins de Parterres, Bosquets, & autres pareils ornemens de son inuention. C'est vn trauail, SIRE, composé par luy en sa vieillesse, auec intention

de l'offrir à Vostre Maiesté, pour luy tesmoigner, que comme il auoit employé la premiere & plus vigoureuse partie de son aage au seruice du Roy HENRY LE GRAND, de tres-glorieuse memoire, en affaires de plus grande importance, il se croyoit aussi obligé d'en consacrer la derniere aux plaisirs de Vostre Maiesté en l'embellissement de ses Iardins, desquels il a esté si soigneux durant sa vie, qu'il a eu ce bon-heur que Vostre Maiesté a demonstré en auoir eu de la satisfaction. Mais n'ayant peu luy-mesme presenter son ouurage à Vostre Maiesté, pour me rendre executeur de son desir, comme par la bonté de Vostre Maiesté; ie suis successeur de sa chargè; ie le viens en toute humilité apporter à ses pieds, & la supplier de le regarder de mesme œil, que Vostre Maiesté a receu autresfois le defunct, & de l'auoir pour agreable de la main de celuy qui est aussi heritier de son affection au seruice de Vostre Maiesté, lequel employera tout ce qu'il a d'art & de cognoissance pour mettre en pratique ce qui est icy representé, afin de se rendre d'autant plus capable d'y seruir Vostre Maiesté, comme estant

SIRE,

De vostre Maiesté

Le tres-humble, tres-obeïssant, tres-fidele, & tres-obligé seruiteur & subiet,

IACQVES DE MENOVRS.

á iij

PRIVILEGE DV ROY.

LOVIS par la grace de Dieu Roy de France & de Nauarre, à nos amez & feaux Conseillers les gens tenans nos Cours de Parlement de Paris, Rouen, Toulouze, Bordeaux, Dijon, Grenoble, Aix, Rennes, & Metz, Baillifs, Seneschaux, Preuosts desdits lieux ou, leurs Lieutenans, & à tous autres nos Iuges & Officiers qu'il appartiendra, Salut. Nostre chere & bien amée Marie le Coq vefue de feu nostre amé & feal Iacques de Menours Escuyer, nostre Conseiller, Commissaire ordinaire de nos Guerres, & Intendant de nos Iardins, tutrice des enfans mineurs dudit defunct & d'elle; nous a fait remonstrer que feu nostre amé & feal Iacques Boyceau Escuyer sieur de la Barauderie, Gentilhomme ordinaire de nostre Chambre, & Intendant de nos Iardins, ayant par vne longue estude & par l'experience de plusieurs années, acquis vne tres-grande cognoissance des regles & maximes qu'il faut obseruer pour la culture & embellissement des Iardins, apres les auoir pratiquées en nos Maisons Royales de Paris, Fontainebleau, & Sainct Germain, & apporté tout ce que l'art pouuoit adiouster à la situation, & contribuer à la beauté des Iardins desdits lieux, en auroit dressé vn Traité intitulé, *Traité du Iardinage selon les raisons de la nature & de l'art, diuisé en trois Liures: Ensemble diuers desseins des parterres, pelouses, bosquets, & autres ornemens seruans à l'embellissement des Iardins*, lequel apres son deceds ledit de Menours son heritier & successeur en la charge d'Intendant de nos Iardins, par nostre commandement auroit fait imprimer, & auec grands fraiz fait grauer les desseins d'iceluy: Mais sa mort aussi arriuée depuis quelque temps, ayant empesché qu'il ne donnast cét ouurage au Public; ladite le Coq desirant accomplir les volontez de sondit feu mary, & mettre en lumiere ledit Traité & Desseins, nous auroit tres-humblement supplié luy accorder nos Lettres necessaires, afin que l'honneur deub à l'estude & trauail dudit sieur de la Barauderie ne soit diminué par ceux qui imitans lesdits Desseins, voudroient par ce moyen s'en attribuer l'inuention. A CES CAVSES, desirant l'accomplissement des choses qui en sont dignes, & fauorablement traiter ladite le Coq & ses enfans; Nous leur auons permis & octroyé, permettons & octroyons par ces presentes, de mettre en lumiere ledit Traité, Desseins, & autres choses y contenuës concernant le Iardinage, en telles marges & caracteres que ledit defunct sieur de Menours les a fait imprimer & grauer; & iceux faire imprimer & grauer autant de fois que bon leur semblera: Faisant defenses à tous Libraires, Imprimeurs, Graueurs, & autres tels qu'ils puissent estre, d'imprimer ledit Traité, & grauer en tout ou en partie lesdits Desseins sans le consentement de ladite le Coq & ses enfans, en vendre & distribuer que de ceux que ledit defunct de Menours a fait imprimer & grauer, ou qu'ils feront cy-apres faire, & ce pendant le temps de neuf ans finis & accomplis, à commencer du iour & datte des presentes, à peine de deux mil liures d'amende, confiscation de tous les exemplaires, & de tous dépens, dommages, & interests. Defendons sur les mesmes peines à toutes personnes de quelque condition qu'ils soient, tant Forains que de nos Sujets, que si quelques Estrangers imprimoient ledit Traité, ou faisoient grauer conioinctement ou separément, les Desseins qui sont en iceluy au contraire du present Priuilege, d'en amener en nostre Royaume, ny d'en vendre & debiter en quelque façon que ce soit; voulant si quelqu'vn est trouué saisy d'vn seul exemplaire, ou coppie de partie d'iceluy, il subisse les mesmes peines que s'il les auoit imprimez, & sans que lesdits exposans soient tenus l'adresser à autres personnes si bon leur semble. Voulons que les presentes soient tenuës pour bien & suffisamment signifiées, en faisant imprimer le contenu en icelles à la fin ou au commencement dudit Traité, à la charge que ladite le Coq & ses enfans en mettront deux exemplaires en nostre Bibliotheque, & vne en celle de nostre tres-cher & feal le Sieur Seguier Cheualier, Chancelier de France. SI VOVS MANDONS, & à chacun de vous comme à luy appartiendra, que vous ayez à faire ioüyr ladite le Coq & ses enfans, & ceux qui auront droict d'eux, du contenu en la presente permission, contraignant à ce faire tous ceux qu'il appartiendra par toutes voyes deuës & raisonnables, nonobstant Clameur de Haro, Chartre Normande, Prise à partie, & toutes autres Lettres à ce contraires: CAR tel est nostre plaisir. DONNE' à Paris le huictiesme iour de Mars l'an de grace mil six cens trente huict, & de nostre Regne le vingt-huictiesme. Signé, Par le Roy en son Conseil, GALLAND. Et scellé du grand Sceau de cire iaune.

TABLE DES CHAPITRES.

LIVRE PREMIER.

AVANTPROPOS.

Ch. I. *Des Principes & des Elemens.*
II. *De la Terre en general.*
III. *Des Terres en particulier, & de leurs differences.*
IV. *De l'Eau en general, & en particulier.*
V. *Du Soleil en general.*
VI. *De l'augmentation de la force du Soleil.*
VII. *De l'Air, & des Vents.*
VIII. *De la Mer.*
IX. *De la Lune.*
X. *Des Fiens.*
XI. *Des quatre Saisons de l'année.*
XII. *De la situation du Jardin.*
XIII. *Des qualitez requises au Iardinier.*
Du soin & du trauail que doit prendre ordinairement le Iardinier.

LIVRE DEVXIESME.

AVANTPROPOS.

Ch. I. *Des Arbres en general.*
II. *Des Pepinieres.*
III. *Des diuerses façons d'affier les arbres.*
IV. *De transplanter les arbres.*
V. *Des Entes.*
VI. *Des diuerses façons d'enter, & des obseruations qu'il y conuient faire.*

VII. *Du moyen de conseruer, augmenter, & changer les qualitez aux especes.*
VIII. *Des maladies & inconueniens qui arriuent aux arbres.*
IX. *De tailler, tondre, & ébrancher les arbres.*
X. *Des arroußemens.*
XI. *Pour faire des bois.*

LIVRE TROISIESME.

AVANTPROPOS.

Ch. I. *Que la diuersité embellit les Jardins.*
II. *De l'assiette des Jardins à l'égard du plan de terre.*
III. *De la forme des Jardins.*
IV. *Des Allées & longs promenoirs.*
V. *Des Parterres.*
VI. *Du Relief.*
VII. *Des embellissemens que l'on donne aux Iardins, par le moyen de l'eau.*
VIII. *Des Riuieres & Ruisseaux courans.*
IX. *Des Fontaines.*
X. *Des canaux à conduire l'eau des Fontaines.*
XI. *Des Grotes.*
XII. *Des Vollieres.*
XIII. *De la distinction des Iardins.*
XIV. *Du Iardin de plaisir.*
XV. *Du Iardin vtile.*
XVI. *Des Espaliers.*

TRAITTÉ
DV IARDINAGE,
SELON LES RAISONS DE LA NATVRE
ET DE L'ART.

LIVRE PREMIER.
AVANT-PROPOS.

NOVS fuiuons vn labeur tres-ancien, car les premiers hommes cultiuerent la terre, leur ayant efté donné de Dieu cét exercice neceffaire, & ce trauail ordinaire, pour vne douce punition de leurs pechez: auffi ceux qui y font occupez femblent mener vne vie plus innocente.

Il y a eu de grands perfonnages employez aux charges importantes de la guerre, & gouuernemens des peuples, qui les ont librement quittées pour paffer leur vie en labourant: comme auffi d'autres, qui pour leurs excellentes vertus ont efté tirez de la charuë pour commander les armées. *Caius Fabricius. Curius Dentatus. Quintius Cincinnatus.*

L'ambition des hommes & leur auarice ont porté auec le temps les plus fubtils efprits aux chofes qu'ils ont eftimé plus propres à leurs intentions, laiffans le foin du labourage aux plus groffiers, & durs de corps & d'efprit. De là l'ignorance eft venuë en cét art, car ces pauures maneuures apprenans leur meftier de gens ignorans comme eux, en ont fuiuy le plus facile, mais fouuent le moins bon, ne pouuant penetrer iufques à la raifon des chofes, qui eft la guide de toute bonne œuure, & tres-requife en cette-cy.

Car pour fçauoir cultiuer les terres, il faut connoiftre leur nature, qui eft fort diuerfe: entendre la difference des climats, les degrez du chaud & du froid, & fçauoir la faculté de l'air, & des eaux, qui doiuent tous operer enfemble. La caufe de toute generation & commencement des cho-

A

fes confiftant en leur mélange & temperature, comme au contraire
leur intemperature en eft le detriment.

La temperature fera donc la baze & le fondement de noftr. agriculture, laquelle ne fe trouuant naturellement és lieux que nous auons
à cultiuer, doit fe faire par artifice, donnant telle preparation à la terre, que les autres elements puiffent facilement entrer en elle, & par
leur mélange & affociation contribuer chacun leurs facultez & puiffances neceffaires à la production : corrigeant par induftrie au lieu où
nous agiffons l'excés qui fe trouueroit en eux, & y adiouftant auffi
des qualitez, qui puiffent feruir à noftre intention, ainfi que nous en-
feignerons cy-apres.

Venons donc aux outils de cette temperature auant que d'entrer plus
auant en befongne, car c'eft par où il faut commencer, fuiure, & finir;
& pour ce nous traitterons particulierement des principes & commen-
cemens des chofes, de la nature des terres & des eaux, des climats ou
eleuation du Soleil, de l'air & des vents, de la mer, & de la puiffance
de la Lune fur les corps terreftres, puis nous viendrons à la difpofition & manufacture.

CHAPITRE PREMIER.

Des Principes & Elements.

ARLERONS nous de ces œuures de Dieu merueilleuſes ſans admirer ſa grandeur ? Poſſederons nous
ſon heritage ſans luy rendre hommage ? Penſerons
nous à elles ſans craindre, & reuerer la puiſſance ?
Et nous réioüyrons nous les voyant, ſans chanter
les loüanges de ſa gloire & de ſa bonté, qui les a
faictes pour nous ?

O Dieu dont la parole en miracles feconde
Des ombres du neant mit au tour ce grand Monde;
Et qui ſage ordonnas les humides chaleurs
Dont la terre conceut les herbes & les fleurs,
Les arbres cheuelus, & les plantes vtiles,
Et de bleds nourriciers fis les plaines fertiles;
Illumine nos ſens incapables de voir
Les reſſorts merueilleux de ton diuin pouuoir,
Apprens nous les ſecrets de ta fille Nature,
Dont nous ſuiurons la trace en noſtre Agriculture:
Donne nous de là haut les Soleils moderez,
Verſe les douces eaux ſur nos champs alterez,
Retien des Aquilons la rigoureuſe haleine,
Et d'vn puiſſant ſecours ſeconde noſtre peine.

A ſa parole tout fut creé en vn inſtant, puis ſon bon plaiſir fut de le
diſtinguer, ſeparant les Elemens comme par contraires, & laiſſant neantmoins à chacun conuenance & participation auec les autres, voire les
diſpoſa en ſorte qu'ils peuſſent à touſiours communiquer leurs vertus
enſemble, par leſquelles toute generation eſt faicte vegetale, animale,
ou minerale.

Ces elemens ſont l'eau, & la terre, contenus en vn Globe ſur lequel
nous marchons: l'air & le feu l'enuironnent auec les Cieux, qui ſont ornez de tant d'excellentes lumieres.

Le peu d'intelligence que Dieu a donné aux hommes des grands ſecrets, & profonds abyſmes de ſcience, qui ſont en ces œuures, a neantmoins penetré ſi auant, que les plus ſages ont reconnu la terre eſtre froide & ſeiche, l'eau froide & humide, le feu chaud & ſec, & l'air chaud
& humide; de ſorte que deux d'entre eux ſont contraires, la terre à l'air,
& le feu à l'eau; mais l'air ſymboliſe auec le feu en chaleur, & auec l'eau
en humidité : l'eau ſymboliſe auec la terre en froideur, & la terre ſymboliſe auec le feu en ſechereſſe: d'où il appert que chacun element ſym-

bolife auec deux, qui les rend inseparables. Car si l'air estoit osté au feu, la chaleur du feu seroit estouffée & morte, si l'air estoit priué du feu, tout feroit eau ; & si l'eau estoit ostée de l'air, tout feroit feu ; & si la terre n'estoit meslée en eux, ils ne seroient corps substantiels, ny palpables.

L'esprit humain a encor penetré plus auant, disant qu'il y a des principes qui sont simples esquels les choses composées se resoluent, & qu'ils furent la premiere matiere creée : ne trouuant autres noms qui leur fient propres, ils les ont nommez mercure, soulfre & sel, non qu'ils soient mercure, soulfre & sel vulgaires, ains choses beaucoup plus pures & simples ; mais à cause de l'analogie & conuenance, dautant qu'entre tous les corps composez & meslez, il n'y en a point de si simples que le mercure, soulfre & sel vulgaires, ne qui constituent trois substances du tout separées comme eux, soubs lesquelles toutes les autres du monde se rapportent.

Or ces trois principes reuestus des elemens, bien que simples, bastissent les corps materiels composez & meslez, augmentez & entretenus, iusqu'au terme qui leur est prescrit pour fin, le mercure donnant la vie, le soulfre l'accroissement, & le sel liant & entretenant ces deux, & contribuant la fermeté & solidité.

Le mercure est cette liqueur aigre, penetrante, qui se faict place aisément, pure, subtile, viue, pleine d'esprits, nourriture de la vie : de luy viennent les couleurs qu'il diuersifie selon le meslange du soulfre, & sel, qui sont ioints à luy.

Le soulfre est cette humidité douce, huileuse, gluante, substantielle, la nourriture de la chaleur naturelle, qui a vertu d'assembler & coller ; les odeurs viennent de luy, & il les donne bonnes & souefues, s'il est pur, fortes & fascheuses, selon qu'il est meslé de ses compagnons.

Le sel est vn corps remply de vertus merueilleuses, de puissances infinies, lesquelles il exerce selon les autres corps qu'il rencontre : le plus terrestre est fixe, qui est le sel commun ; le plus aëré est volatil, qui est le sel ammoniac ; & le plus aqueux est le salpestre, qui tient du fixe, & du volatil. La faculté des sels est de donner les saueurs, lesquelles sont variées, & differentes selon le meslange qui se trouue en ces principes ; car le simple est purement salé, celuy qui est meslé de soulfre est doux, meslé de mercure il est aigre, & du meslange de ces trois, se fait l'amer, l'acre, & le sur.

Ceux cy sont les plus nobles & subtils esprits, la couleur, l'odeur, & la saueur, sortans du mercure, soulfre, & sel contenus és choses meslées, & composées par nature. Ces trois principes ne sont point trouuez l'vn sans l'autre ; car ils sont inseparables ; le mercure dissoud le soulfre, le soulfre coagule le mercure, & le sel par son acrimonie les penetre, les lie, & assemble, & tenant du fixe & du volatil, les domine & employe, & eux estans liquides luy obeyssent. De mesme estans ensemble ils retiennent, lient & assemblent les elements, par l'ayde desquels est faicte toute generation, foubs les puiſſances ſuperieures & influence des corps celeſtes, foubs leſquels Dieu les a conſtituez.

CHAPITRE II.

De la Terre en general.

IEV diſpoſant ce tout mit la terre au milieu, luy donnant puiſſance & faculté de conceuoir, d'engendrer, de nourrir, & d'éleuer toutes les choſes qu'elle contient, deſquelles les ſemences, & les matrices ſont en elle : car tirez de ſes entrailles, voire d'vne profondeur exceſſiue quelque quantité de terre, & la mettez à l'air, quand le Soleil & la pluye l'auront viſitée à ſuffiſance, elle produira en ſaiſon, ſans autre ſemence, les meſmes plantes qui ſont communes en la contrée, icy infinies, differentes entre elles, & là infinies autres differentes à celles-cy : ayant voulu la diuine prouidence doüer diuers endroits de la terre de choſes diſſemblables, comme il luy a pleu, pour n'aſſouuir noſtre cupidité ſans quelque peine, nous donnant par ce moyen occaſion d'vſer de charité enuers nos freres, leur portant du noſtre allant chercher du leur.

A cette production la terre fournit du ſien, outre ce dont elle participe des autres, principalement la ſolidité, laquelle elle contribuë par le moyen du ſel vegetant, dont elle eſt pourueuë, qui eſtant meſlé des autres principes, par ſa vertu coagulante & penetrante retient, meſle & aſſemble les puiſſances des elements neceſſaires à la generation : tout ce qu'elle produit abonde en iceluy, duquel la durée & la vertu ne ſe perd point, meſmes en la perte des corps où elle l'a employé il ſe conſerue, & quand ils ſont morts, & retournez en elle, ce ſel agit de noueau, & augmente la vertu de ſa mere, il en reſte és cendres, & dans les ſiens, quand les corps terreſtres ſont conſumez par feu ou pourriture ; les excremens des animaux en ſont pleins, ainſi qu'eux-meſmes, & la nourriture qu'ils prennent. C'eſt ce ſel, auquel Ieſus-Chriſt comparoit ſes Apoſtres, leur diſant, *Vous eſtes le ſel de la terre, & ſi le ſel perd ſa ſaueur, dequoy le ſalera-on ?* Son ſainct Eſprit vſant de cette maniere de parler nous a enſeigné le grand ſecret de l'agriculture, car c'eſt luy qui guide les autres, les employant au deuoir auquel ils ſont deſtinez : c'eſt l'excellent outil de la nature, ſans lequel la terre demeure ſterile. De là vient que quand la terre a produit des plantes & fruits qui contiennent abondance de ce ſel, ou des autres principes qui luy ſont adioints, il faut la laiſſer chommer, afin qu'elle ſe fourniſſe de nouuelle vertu generante, & de ſa ſaueur, ou bien que nous luy en rendions de celuy qu'auons mis en reſerue, ſinon quand nous aurons trop tiré de ſa ſubſtance, elle produira à regret, auec moins de puiſſance, voire au lieu de ce que nous deſirons d'el-

A iij

le, elle abaftardira les plantes, ou en produira d'autres felon fa force.

Or comme la terre eft variée en fa production auffi l'eft-elle en foy-mefme, y ayant grande difference és terroirs pour ce qui eft de la furface, auffi bien qu'en ce qui eft de l'interieur : & combien que tous foient pour-ueus de ce fel, c'eft differemment, les vns plus, les autres moins : de mef-me auffi tous arbres & plantes n'en abondent pas en mefme mefure, voire ne feroient pas tous capables d'en receuoir abondance, ny de fupporter fa force, & fa vertu qui les fuffoque, quand elle outrepaffe leur mefure.

Ce fel auffi n'eft pas toufiours vn, car felon qu'il eft participant plus ou moins de quelqu'vn de fes adioints & elements, il change, ou felon qu'eft participant d'iceux le fuiet auquel il agit, ainfi que nous apperceuons en la diffection des plantes. Prenez quelque plante qui foit en la perfection de fa croiffance, & en tirez les efprits, vous trouuerez ces plantes pour-ueuës des quatre elemens, mais l'vne plus de l'vn, l'autre plus de l'autre, felon qu'elles font temperées : vous en tirerez ce fel vegetant duquel nous parlons, par la vertu duquel font contenus & agiffent les autres en la plante; vous en tirerez l'huile combuftible, ou foulfre, qui eft le bau-me, & graiffe de la terre, où fe conferue la chaleur naturelle ; vous en tirerez l'humeur mercuriale & criftaline, qui eft l'eau & l'air affociez enfemble, comme il a pleu à la fouueraine prouidence les eftablir, en ces efprits mefme, y a encor des efprits particuliers, la couleur, l'odeur, & la faueur, qui font ceux qui s'en vont les premiers en la deftruction des plantes, comme les plus fubtils & excellens, defquels la vertu s'aug-mente felon la force du Soleil qui les regarde.

CHAPITRE III.

Des Terres en particulier, & de leurs differences.

LA Terre est faite par lits & couches l'vne sur l'autre de diuerses espoisseurs, mais ordinairement proches de la surface ils ont vn pied d'espois plus ou moins; il n'y a que la terre de la surface, ou qui autre-fois en a esté, qui soit parée à la production, ayant esté temperée par les autres elements qui ont eu accés à elle, & de degré en degré les plus prochains licts. La bonne est noire, grasse, poreuse, amassée en gros grains qui s'entretiennent fermement, aussi on la nomme terre forte, & de cette-cy y en a trois sortes differentes en leur fond : l'vne, qui a le prochain lict meslé de pierre viue, dure, cassante, est la meilleure, car elle produit tous arbres & plantes qui demandent grande nourriture, & le Poirier entre autres l'aime, & y vient tres-grand, s'attachant profondement à son fonds qui est ferme & mollet, par veines differentes : declinant de bonté elle est de couleur tané obscur; declinant dauantage tané clair; puis allant en pis elle tient du rouge iaunastre, pallissant à mesure que son fonds se descouure, qui est meslé de pierre : Cela s'apperçoit dans les costaux & montagnettes, qui estant lauées des pluyes, l'eau trop abondante dissout le sel vegetant, & le mieux apresté de la terre, qu'elle emmeine auec elle, coulant dans les fonds. L'autre semblable en la surface a le second lict plus proche composé de tuf, qui sont petites pierres blanches, comme croyes amassées fermement ensemble. L'autre aussi semblable en la surface a le fonds d'argille trop amassé, & tenant l'eau, ce qui rend ces deux terroirs moins propres aux arbres, à cause que leurs racines ne peuuent penetrer ces deux sortes de fonds pour s'y attacher fermement, & profondement, ny le sel vegetant monter par dedans assez facilement, qui faict qu'ils se trouuent tous deux insipides : ces trois sortes de terre en leurs forces portent le froment & legumes, puis l'orge & l'auoine, & l'hyeble y vient naturellement, & les grands chardons.

Vne autre terre est noire aussi, approchant de prés la bonté de la premiere, est plus facile à la culture, ayant le grain menu & sans pierre, ainsi que son second lict, elle est ditte Varenne douce, & y a peu d'arbres & plantes qui ne prennent plaisir en elle; les Pruniers entre autres : aussi est-elle la plus propre pour les iardins, elle porte le froment & legumes, & declinent de force le segle, l'orge & l'auoine, l'hyeble y vient naturellement, aussi faict la feugere, ce qui montre sa bonne temperature, l'vne venant naturellement en terre grasse, & l'autre en terre maigre : vne autre tient de ces deux, estant grasse &

graueleufe, meflée de cailloux, fon fonds eft pareil ; & pour ce les arbres l'aiment, fpecialement les Pommiers, les Cerifiers, & Chaftagners;
és lieux où elle abonde plus en graiffe elle porte l'hyeble, & où elle eft
plus graueleufe la feugere. Vne autre toute fablonneufe & fans pierre
eft propre pour toutes fortes de bleds, mais fon fonds eftant argilleux
donne la mouffe aux arbres, & les tuë. Vne autre fablonneufe auffi,
ayant fon fonds de gros fable, eft encor moindre pour toutes chofes,
eftant défiointe & mal liée, à faute de graiffe. Vne autre a vne graiffe
argilleufe en la furface, & fon fonds eft croye, vaut peu de chofe pour
l'infipidité qui eft en ces deux fi diuers terroirs, à caufe que leur corps
qui eft trop preffé & lié n'eft affez aëré.

Or il y a fi grande diuerfité és terroirs qu'on ne les peut fpecifier
tous, & eftans ceux-cy les plus communs, il fuffira de dire que les meilleures terres font celles qui font plus propres à receuoir & contenir en
elles les autres elemens par mediocrité & temperie, & les moindres
font celles qui ne les peuuent receuoir pour leur dureté, ou bien celles
qui pour leur foibleffe & legereté ne les peuuent contenir; comme font
l'argille & le fable ; car l'argille pour eftre trop liée, preffée & gluante
ne laiffe penetrer en foy l'air, ne le Soleil, & l'eau croupiffant deffus la
morfond : le fable au contraire trop ouuert & deftaché ne les peut
retenir, & les laiffe paffer.

Prenons donc ces deux fortes de terres differentes de naturel, & ef-
fayons de les amender, les rendans capables de receuoir & profiter de
la frequentation des autres elemens : les vices contraires qui font en elles eftans rabiliés, nous apprendrons affez ce qui fera de faire en toutes fortes de terroirs, ceux-cy eftans les plus infipides, & defaffaifon-
nez : auffi les faifeurs de brique les meflent, & s'en feruent, les trouuant tous deux fans faueur, qui eft noftre fel ; car s'il y en auoit, attendu qu'il ne perit point par le feu, fa force vegetante ruineroit auec
le temps leur ouurage, & la maffonnerie qui en feroit faitte.

Doncques prenant l'argille la premiere nous la trouuerons preffée
& amaffée enfemble, fans pores, ne donnant lieu à l'eau de couler dedans affez facilement ; ou apres en eftre imbuë par le temps, ne fe def-
fecher qu'auec vn autre trop long temps, ne laiffant non plus penetrer
le Soleil en elle, chofe contraire à la nature des bonnes terres, qui demandent la varieté du chaud & de l'humidité, pour eftre renduës temperées par ces deux contraires ; car demeurant trop long temps moüillée, ou trop long temps feiche, elles patiffent de l'vn comme de l'autre ; & ces chofes dependantes plus du temps que du defir des terres,
ou du noftre, il faut que par artifice nous les preparions, afin que les
pluyes, & la fechereffe arriuans, elles foyent preftes d'obeyr, receuans
promptement & facilement l'vn & l'autre.

Cela fe fera principalement par vn bon & profond labourage, qui
releuans la terre à hauts feillons, ou mottes en pyramide, donnera
moyen

moyen à l'air & au Soleil de s'incorporer & de penetrer auant, & à l'eau
de couler, lequel labourage doit estre fait en temps sec, soit froid ou chaud,
& reiteré deuant que la terre soit derechef affaissée : car toute terre estant
de nature pesante s'affaisse de sa propre pesanteur, si elle n'est sousseuée.

Nous empescherons encor son affaissement, si nous la meslons de
fien fait de paille, ou feüilles, qui ne soit qu'a demy pourry ; car il la se-
parera, & acheuant de pourrir, luy mesme s'eschauffant, aydera d'é-
chauffer la froideur qui est en cette terre, outre l'aliment qu'il luy donnera, estant pourueu de sel.

La terre sablonneuse au contraire, n'estant assez pressée & liée ensemble à faute de graisse, laisse passer dans elle trop promptement l'eau
sans en faire profit, & le Soleil la penetrant facilement la brusle, n'y
trouuant humidité pour le temperer. A cette-cy ne faut si grand labourage qui doit estre fait en temps humide, la meslant de fien gras,
bien pourry, la faut laisser affaisser de son poids ; voire ce fien n'aura
pas moins d'efficace en elle, estant employé dessus peu de temps deuant la pluye, que si vous l'enfoncez dedans ; pource que la pluye venant à dissoudre le fien l'en engraissera coulant plus lentement, & son sel
prest à bien faire demeurera en la surface où il doit faire son operation.

Il se trouue aussi dans l'interieur de la terre en quelques contrées vne
maniere de croye, qui est ditte marne, laquelle estant meslée auec le
sable, l'air & la pluye la dissoudent, & deuient paste, auec quoy le sable prend corps, & se faict plus ferme.

Ainsi de toutes sortes de terres considerant leur nature, nous amen-
derons les defauts qui la rendent intemperée, estant trop dure & pesante, la sousleuant ; estant trop legere, la raffermissant ; estant trop
maigre, l'engraissant ; trop grasse, l'amaigrissant ; trop humide, la de-
seichant ; trop seiche, l'humectant ; trop froide, l'eschauffant ; trop
chaude, la rafraischissant. Toutes lesquelles choses se doiuent faire a-
uec les cendres, ou les fiens diuers, ou par le meslange d'vne terre a-
uec l'autre ; & par la force du Soleil, luy rendant la terre plus facile à
penetrer, & rendant à luy-mesme sa force & vigueur plus grande, ou
bien en escoulant les eaux, ou les donnant plus abondantes. Tenant
pour maxime que la temperature des autres elements auec la terre, est
le nœud de la matiere produisante.

Les terres que nous disons les meilleures ont aussi besoin de ce sou-
leuement par le labourage, pour remede à leur pesanteur naturelle, &
faciliter le meslange des autres elements ; lequel labourage doit estre
fait principalement és saisons temperées, lors mesme que la terre est
en bonne temperature, ne trop seiche, ne trop moüillée, de crainte
qu'estant trop seiche le labourage ne la rende en poussiere, & estant
moüillée en boüe ou paste, chose contraire à la production de la terre.
On connoistra plus particulierement le goust des terres, si en creusant
deux pieds de profond vous mettez vne poignée de cette terre dans vn

B

verre la deſtrempant auec eau de pluye, ou autre bonne eau, puis laiſſent raſſoir, & la terre eſtant au fonds du verre vous gouſterez de cette eau éclaircie, qui teſmoignera ſi la terre eſt amere, ſalée, ou a autre

C'eſt de-
quoy on
dit le vin
ſentir le
terrouer.
mauuais gouſt ou odeur, qu'elle contribuëroit aux plantes qu'elle nour-
riroit ; ce qu'on doit euiter ; car le rabiller ſeroit malaiſé, ou impoſſible. Au contraire ſi vous trouuez odeur ou ſaueur plaiſante & douce,
en cette eau, choiſiſſez telle terre qui produira tous bons fruits & plantes que luy donnerez à nourrir.

CHAPITRE IV.

De l'Eau en general, & en particulier.

L'EAV eſt tellement coniointe à la terre, & ont enſemble telle ſocieté, qu'il eſt impoſſible qu'elle ne
participe à ſes ſaueurs ; car coulant en ſa ſurface,
ou dans ſes veines, elle diſſoult par ſa fluidité le
ſel vegetant, & s'en approprie quelque choſe,
dont elle parfaict ſon gouſt, qui neantmoins n'eſt
point diſcerné gouſt, ſinon quand trop ou trop
peu il participe de ce ſel, ou des autres qualitez
qu'elle rencontre, ſelon que ſont aſſaiſonnez les lieux par où elle paſſe.
Elle fournit à la generation la liquefaction, de qualité froide & humide, laquelle ayde grandement au meſlange, aux exhalaiſons neceſſaires, & à faire couler l'humeur, qui eſtant ſuccée par les racines,
monte & ſe diſtribuë iuſqu'aux extremitez de ſes obiets. Elle contri-
bue à la matiere produiſante les qualitez qu'elle a acquiſe dans la terre,
qui contient en ſoy des differences de grand efficace, tant de ſortes de
ſables, d'argilles, & pierres differentes entre elles, minieres diuerſes de
metaux, de ſel, de ſoulfre, d'allun, de vitriol, iayet, tale, charbon, bitume, & autres de puiſances merueilleuſes, parmy leſquelles trauerſant,
elle nous en apporte des teſmoignages, la connoiſſance d'aucuns facile, d'autres malaiſée.

La meilleure à boire eſt la plus claire & luiſante, qui a vne ſaueur
fermette, en ſa fraiſcheur humide, paſſant legerement ſans laiſſer gouſt
qu'on puiſſe diſcerner, elle ne doit auoir odeur, ne ſa couleur aucunement empeſcher celle du vaſe où elle eſt veuë. On eſprouuera ſa bonté, ſi en boüillant elle s'euapore promptement, ou ſi eſtant trop refroi-
die, elle ne laiſſe au fond du vaiſſeau aucun limon, ou grauier ; ou ſi
en iettant des gouttes d'eau dans vn baſſin bien fourby, venant à ſei-
cher, elle n'y laiſſe des taches : ſi les legumes cuiſent facilement en elle : ſi elle nettoye bien toutes choſes en lauant, & adoucit le cuir des
mains : ſi elle reçoit facilement les teintures ; mais principalement ſi dedans ſon baſſin naturel, ou coulante en ruiſſeau elle n'y engendre mouſ-

se, limon, ny ione, & qu'elle y parroisse nette & luisante, marque certaine qu'elle sera simple, non composée. Elle se trouuera telle quelquefois dans les puits creusez en bon terroir, & plus souuent dans les sources, mesmes en celles qui sont dans les costaux de bon terroir, ou aux pieds d'iceux, regardant le Leuant, & Midy.

Or bien que cette-cy soit aussi la meilleure à nostre labeur, il suffira pourtant, quand nous en aurons de celle qui plus facilement se recouurera, pourueu qu'elle n'aye point de mauuaises qualitez; car il s'en trouue de dangereuses, les vnes mortelles, d'autres qui causent de grandes maladies : de là vient qu'en des contrées le commun peuple a des enfleures à la gorge, qu'on nomme goistres; en d'autres ils acquierent les escroüelles; en d'autres ils sont subiets à l'hydropisie, coliques, & pierres. Il y en a aucunes, qui au lieu de lignifier petrifient, aucunes qui deuiennent elles mesmes pierre : ce qu'estant cognu par les anciens sages, ils auoient vn grand esgard à la qualité des eaux, quand ils s'en approprioient, prenant mesme garde à la disposition du peuple, habitant prés les sources, qu'ils vouloient choisir pour leur vsage.

Au contraire aussi il y a des eaux qui outrepassent en vertu celles que nous disons les meilleures : comme les eaux chaudes, qui ayant passé par lieux sulphurez guerissent certaines maladies; si elles ont passé par le vitriol, alum, ou bitume en guerissent d'autres. Il s'en trouue qui incitent dauantage les animaux à la generation; d'autres qui diuersifient la couleur de leur poil & laines. Ces considerations sont de grand poids pour nostre labeur, car il n'y a doute que puisque les eaux tirent ces varietez de la terre, que la terre & les eaux ne les contribuent aux plantes & aux fruits, & les fruits & les plantes à ceux qui en vsent.

B ij

CHAPITRE V.

Du Soleil en general.

LE Soleil efchauffe & deffeiche auec fi grande amour & douceur, qu'il femble que ce foit luy qui donne vie à la nature; car comme il s'approche toutes les plantes croiffent & multiplient auec diligence merueilleufe, la terre employant fon foin à s'embellir tout le temps qu'il monte, la regardant iournellement de plus prés: puis quand il vient à s'éloigner elle deuient languiffante, trauaillant lentement, pluftoft (ce femble) pour fe conferuer, que pour s'accroiftre, ou pour fe preparer, & rendre derechef belle au retour du Soleil. Il exhale l'humeur, & defenyure la terre, attirant d'elle les eaux defquelles font faictes en la moyenne region de l'air la pluye & les neiges, par lefquelles fondantes elle eft de nouueau alimentée.

Il eft maiftre des années, des iours, & des faifons, lefquelles nous contons felon fon cours; fa chaleur eft grandement differente, felon qu'il eft proche ou éloigné de nous, foit au cours par lequel il parfait l'année, foit en celuy par lequel il parfait les iours: elle eft grandement differente encor felon fon eleuation fur les contrées diuerfes de la terre, l'ayant plus vigoureufe en celles qui font vers le Midy, & plus lente en celles qui font vers le Septentrion; & c'eft ce que nous appellons difference de climats. Toutes lefquelles differences fe font felon que fes rayons font iettez perpendiculairement & à plomb fur la terre, ou qu'ils approchent de cette perpendicule: tout ainfi que les coups de canon entrent plus auant dans vne muraille ou rempart, la rencontrant en angle droict, que s'ils biaifent; ainfi agiffent fes rayons fur la terre, fur les corps, voire fur les efprits, employant en eux la force de fa vertu, qui eft d'efchauffer & deffeicher.

Nous connoiftrons facilement cette difference par les effects, ne changeant que d'vn degré de fon eleuation, qui eft d'enuiron trente lieuës: mais nous le verrons plus clairement nous éloignant iufques aux contrées & nations qui aboutiffent la France, ayant du cofté de Midy l'Efpagne, & du cofté de Septentrion la baffe Allemagne, qui ne font à plus de deux cens lieuës l'vne de l'autre. Les fruits, les vins, les pafturages qui viennent en l'vne & l'autre contrée, font grandement differens de gouft & de faueur, & y en a de plufieurs fortes en l'vne qui ne peuuent venir en l'autre: leurs animaux mefmes different grandement; voire le naturel des hommes. Cela prouient de la force & vertu du Soleil, plus grande en vne contrée qu'en l'autre, qui attire dauantage l'humeur, deſſeiche & purifie les eſprits qui ſont aſſadis, & appeſantis par trop d'humidité.

Or bien que les Philoſophes ordonnent le ſiege, ou feu elementaire autre part, nous qui ne le connoiſſons pas, & qui voyons & ſentons le pouuoir du Soleil faire ce que nous pourrions deſirer du feu elementaire, quand il ſeroit en noſtre diſpoſition, auſſi n'en chercherons nous point d'autre en noſtre labeur preſent, car il nous ſuffira d'eſtre veus de luy, qu'il regarde noſtre iardin, & luy departe ſa vertu puiſſante encor plus remplie de merueille que de chaleur.

CHAPITRE VI.

De l'augmentation de la force du Soleil.

QVAND donc nous auons beſoin de plus grande vigueur au Soleil, pour parfaire quelque choſe de noſtre intention, nous trauaillerons en cette maniere, car touſiours nous n'aurions pas la volonté, ny le moyen de changer de contrée pour l'effect preſent: mais choiſiſſans au lieu où nous nous trouuons vn coſtau de bon terroir, prenons en la face qui regarde le Midy, elle ſera par meſme moyen veuë du Leuant & du Couchant, & ioüira tout le long du iour de la chaleur du Soleil: l'eleuation du coſtau aydera auſſi à faire que les rayons du Soleil donneront perpendiculairement deſſus la terre, & ceux-cy ſont deux aydes merueilleux à ſa force. Dauantage la hauteur du coſtau, & ſon eſpoiſſeur oppoſée au Septentrion, empeſchera la rigueur du froid & du vent qui viennent de ce coſté là, leſquels affoibliſſent grandement la force du Soleil: & de cette façon vous aurez vn tres-puiſſant Soleil, & peut eſtre trop.

Or s'il aduient que nous nous trouuions naturellement ou expreſſément ſituez en tel climat ou aſpect, que la trop grande force du Soleil nous bruſlaſt, ou empeſchaſt quelques ſortes de fruicts, ou plantes (qui ne veulent tant de chaleur) de venir ſi gaillards & amples que nous deſirons: pour oſter cette intemperie il faudra faire prouiſion de ſon contraire, qui eſt l'eau, & auec elle arroſant la terre ſouuent & abondamment temperer la chaleur. Vous deuez croire qu'ayant le Soleil & l'eau commodes & abondans, vous deſirerez peu de choſes en ce labeur dequoy vous ne veniez à bout, car ce ſont les aydes principaux, & les plus puiſſans à ce meſtier, pourueu qu'on les employe à propos.

La force du Soleil s'augmentera auſſi, ſi au lieu du coſtau & montagnette nous éleuons des murailles & des fortes hayes, ou hauts bois en ce meſme aſpect, qui ayderont à ce que i'ay dit, mais non auec tel pouuoir & commodité. Il y a des arbres & des plantes ſi abondantes

en branches, & feüillages, qu'elles empefchent le Soleil d'efchauffer la
terre où elles font nourries, faifant vn grand ombrage à l'enuiron de
leur pied, & racines : quelquefois auffi eftant plantées prés à prés elles
empefchent l'vne à caufe de l'autre fes rayons, qui felon les climats
font foibles pour la cuiffon du fruict, qui a befoin de beaucoup de chaleur. En tels climats peu chauds faut planter loin à loin, & éleuer les
plantes & leurs fruits, qui font refroidis par la proximité de la terre, &
par leur propre ombrage, donnant des aydes aux plantes foibles, afin
que l'air & le Soleil les voyent pleinement, & que la terre en foit plus
facilement échauffée. Et par le moyen du verre qui fera mis à l'enuiron des plantes & fruits, en forme de cloche, le Soleil penetrera auec
plus de force; ainfi que nous voyons fes rayons allumer du feu par l'ayde d'vn miroir ardant, ou boule de criftal.

Les fiens nouueaux amaffez enfemble, rendent vne chaleur douce,
propre à conferuer les arbres & plantes, qui craignent la gelée, & font
auant la faifon naiftre les graines, qui font femées deffus, & auancent
la production des autres plantes qui reçoiuent leur chaleur.

CHAPITRE VII.

De l'Air & des Vents.

'AIR fournit à la generation l'efpace, duquel il eft
le maiftre, occupant tout le vuide, & fe meflant
encor parmy le maffif; il penetre, fe laiffant afpi-
rer facilement : il fait place quand il a moyen de
fortir, & ne laiffe fortir, s'il n'a moyen d'entrer,
afin que rien ne demeure vuide. Sans luy le meflange des autres ne pourroit fe faire, ny aucune chofe
s'efleuer, ny aggrandir, ny viure fans luy, & de-
dans luy. Ceux qui ont mieux cognu fa qualité l'ont dit chauld & humide, & neantmoins celuy que nous refpirons eft frais, foit de fa qualité
naturelle, ou par acquifition de la froideur terreftre, de laquelle il eft
proche : nous fentons cela non feulement en refpirant, mais auffi en
chaffant l'air auec l'éuentail, il s'amaffe & affemble plus preffé, d'où fe
fait fa fraifcheur d'autant plus grande. Les vents qui le chaffent luy
caufent vn mefme effect, nous rendant vne fraifcheur douce & gra-
tieufe l'efté, lors mefme que l'air eft plus efchauffé par les rayons du
Soleil, & l'hyuer augmentant la rigueur de fa froidure. Les vents mefme
ne font autre chofe, difent-ils, qu'vn air agité par les vapeurs & exhalaifons, lors que le chaud & l'humide fe rencontrans caufent ces redon-
dances de mouuemens. Nous cognoiffons neantmoins les vents mainte-
nir leur place, & augmenter & diminuer leur force quelquefois en temps
prefix, & quelquefois hors temps. La connoiffance de leurs qualitez

nous est grandement necessaire, car ils ont grande puissance en nostre labeur, y apportant profit ou dommage, selon leurs temperatures : voire en vsant seulement de leur force ils abatent les fruits & les arbres, & des forests toutes entieres, & souuent leurs qualitez apportent de grands dommages aux fleurs & fruits nouuellement formez, en engendrant des animaux veneneux qui mangent & deuorent les feüilles & nouueau iect des arbres ; mesmes les fruits estans recueillis & serrez ne laissent d'estre sous leur domination, ainsi que la santé des hommes : & cela differemment en diuerses contrées. Ils se ioüent de l'air, de la pluye, des gresles, meslant parmy le foudre, les tonnerres, & les esclairs, ou pour dire mieux, eux & les foudres obeyssent au vouloir du Toutpuissant comme les Sergents de sa Iustice ; car l'esprit humain n'a peu penetrer iusques à la cause de ces mouuemens si diuers & admirables, qui sont és vents, ny connoistre entierement la qualité generale de l'air, qui se trouue si differente en diuers lieux de cét Vniuers.

Les Philosophes en establirent anciennement quatre principaux, *Solanus* du costé du Soleil leuant en l'Equinoxe : *Auster* du costé de Midy : *Fauonius* au Soleil couchant au mesme temps : & *Septentrion* en la partie de laquelle il emprunte le nom. Depuis ils en meslerent quatre autres parmy ceux-là, & depuis les mariniers qui en cognoissent dauantage en ont nommé trente-deux.

Tirons donc vne figure pour les discerner selon leurs noms, & pour sçauoir de quelle partie du Ciel ou de la terre chacun d'eux nous vient visiter, & ce qu'il nous en apporte.

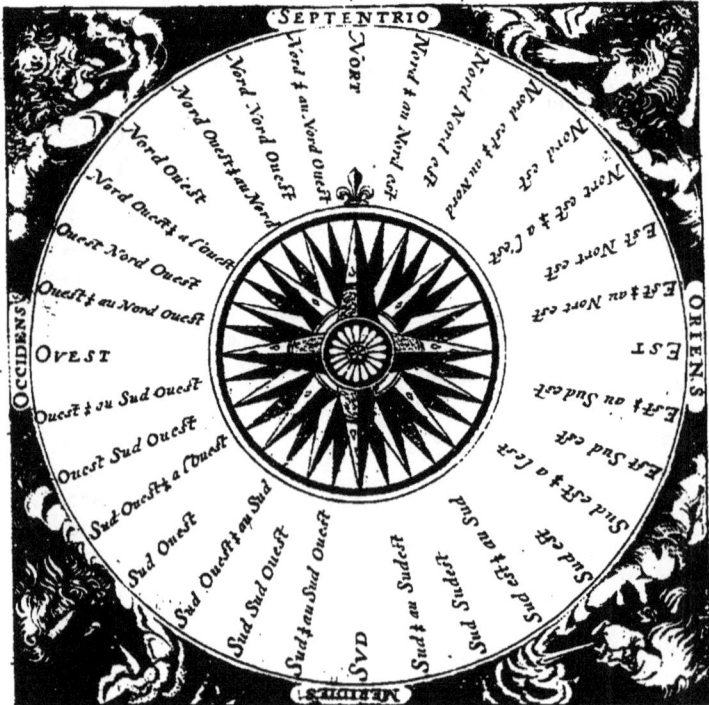

Le Nort qui eſt au Septentrion, diametralement oppoſé au Sud, qui eſt au Midy, luy eſt du tout contraire, eſtant le Nort froid & ſec : il purifie l'air, & les humeurs des corps, leſquels il raffermit, reſtreignant les pores ; ſon ſouflement eſt aigu & penetrant, & augmente grandement la rigueur du froid, arreſte la nature qui ſemble par luy eſtre hauie ; autant qu'il eſt rude en hyuer, autant eſt-il ſain en eſté. Le Sud au contraire eſt chaud & humide, peſtilent, empeſche les vertus animales & vegetales, rend les corps laſches & peſans, ouurant les pores ; il engendre tonnerres & pluyes, tempeſtes en mer.

Entre ces deux en angle droit ſont auſſi oppoſez, l'Eſt, & l'Oueſt, tous deux temperez des qualitez contraires des deux autres : l'Eſt en Orient en ſuitte du Nort apporte par ſa temperature tranquillité à l'air, & ſanté au corps, eſtant accompagné plus ſouuent de nuées que de pluyes.

L'Oüeſt venant d'Occident en ſuitte du Sud ameine des humiditez & pluyes, & par ſa temperature fait fructifier la terre, auance les fleurs, & fauoriſe toute production.

Les quatre autres vents également ſcituez entre ceux-cy ; à ſçauoir Nort-eſt, Sud-eſt, Sud-oüeſt, & Nort-oüeſt, ores qu'ils ſoyent auſſi dits principaux, ont leurs qualitez compoſées de celles des premiers, qui leur ſont proches ainſi que leurs noms : & de meſme les demyvents, & autres rums qui ſont entre eux, ſelon qu'ils en ſont proches ou eſloignez. Eſtant la principale difference des vents du Nort au Sud comme les contraires, à cauſe de leurs regions, où la force du Soleil eſt grandement differente. Selon auſſi la ſituation des lieux, & éleuations des montagnes, ou hautes foreſts, aucuns vents ſont guidez, renforcez, ou empeſchez ; voire meſme il y a des contrées auſquelles certains vents ſont plus ordinaires & plus differens en force & puiſſance qu'ils ne ſont ailleurs. Ce qui pouuant eſtre mieux cognu par les habitans que deſcrit, les ſages taſcheront de ſe garentir des plus dangereux, leur oppoſant des conrregardes, ou ſe mettant à couuert par elles, cherchant en l'air & aux vents cette temperature, de laquelle nous auons ſi grand beſoin en noſtre labeur.

CHAP.

CHAPITRE VIII.

De la Mer.

Ovs n'entreprendrions de parler de la Mer sans le sel produisant, que nous cherchons par tout, pour nous en accommoder, car les abysmes profonds des merueilles qui sont en elle ont estonné les plus sages, qui ne les ont peu comprendre : elle a encor englouty grand nombre de ceux qui trop auarement vont cherchant ses richesses, & n'est raisonnable de mettre la sonde trop auāt en ses secrets.

Soit donc dit seulement en passant, que ce sel dont la terre est pourueuë, estendant sa vertu vegetante de tous costez, cherche la surface pour y agir selon sa nature, ne laissant endroit de la terre qui ne soit embelly de son excellence. Or venant à rencontrer ce grand & infiny espace que la mer couure: il se dissoud en elle, & de luy se fait *Pourquoy* sa salleure, dont elle a participé depuis la separation du tout; & là com- *l'eau de la* me en terre il est auec ses adioints principe de la generation vegetale *mer est* & animale, des plantes & poissons qui y croissent, s'engendrent, & *salée;* nourrissent: auec ce le Soleil attirant par ses rayons le plus subtil de l'humidité de la mer, vient à cuire & renforcer son goust.

Que la mer soit pleine de ce sel, il se voit en ce que l'eau de la mer croupissant sur terre elle l'engraisse plus que chose du monde; mais elle tuë tout ce que la nature produit & nourrit sur terre, iusques aux plus grands arbres qui en sont suffoquez, dautant qu'ils ne peuuent receuoir son abondance, estans nourris en vn plus petit ordinaire. Mais laissons desseicher la terre qui aura esté abbreuuée de l'eau de la mer, & en la labourant donnons luy moyen d'éuaporer le superflu, par l'air & le Soleil qui la visiteront, apres que les pluyes l'auront lauée, vous n'auez iamais veu terre si fructueuse que sera cette-cy : ainsi qu'il aduient quand les Sauniers ayant les bossis des marais salans, vuides de sel, sement du bled dessus apres auoir faict comme nous venons de dire. Mesme le sel commun estant faict de l'eau de la mer desseichée n'est pas sans vegetation : nous le serrons dans des greniers à couuert, & il perce les murailles espaisses, & les ruine : les Pigeons qui l'aiment le vont chercher parmy les pierres & le sable, s'attachans aux murailles dans lesquelles il est contenu: sa vertu conseruant les viandes que nous en salons ne vient-elle pas de son principe qui ne se consume point ? Ie m'esbahy de ce qu'en signe de malediction on a ietté du sel sur la terre, puis qu'il peut seruir à la rendre fructueuse, quand par raison & mediocrité il sera infus en elle : car ce que le sel (soit infus de par soymesme, soit actuellement dans les fiens qui en contiennent beaucoup)

C

tuë les plantes, ne vient que de l'excés, & de la furabondance d'iceluy ; & ce que par fois la terre qui fe rencontre fous les grands tas de
fumier que nous y portons demeure infructueufe, c'eft pour auoir receu trop de fel fuftentant, & quand le trop en eft euaporé elle produit tres-abondamment ; de maniere que le bled qu'on y feme y vient
plus efpais, plus verd & vigoureux qu'ailleurs. Ainfi depend du bon
iugement du Iardinier de bien temperer fa terre, felon la nature des
plantes qu'il y veut mettre ; car ny les terres ny les plantes n'ont pas
toutes vn mefme appetit, ny mefme force digerante. Par l'abondance
de fubftance les plantes viennent trop gaillardes, manquent de force
pour fe fouftenir, leurs fruits ne font de fi bonne garde, fe faifant vne
nouuelle generation en eux, de petits animaux qui les mangent : donc
il y a danger de trop, comme du peu, ainfi que l'eau de la mer nous
fait connoiftre.

CHAPITRE IX.

De la Lune.

DIEV feparant la lumiere d'auec les tenebres donna
pour l'ornement du iour la merueille du Soleil, &
à la nuit le nombre infiny des eftoilles, & les autres Planettes, lefquelles il doüa chacune de leur
influence, afin qu'elles feruiffent non feulement à
embellir le Ciel, mais auffi qu'elles fuffent aydes
à la nature, ainfi comme toutes autres chofes
creées par fa diuine prouidence, font pleines d'ef-
ficace & de vertu. il conftitua la Lune plus prochaine de la terre, qui
ayant par ce moyen fon tour plus court, parfait en vn an prés de trei-
ze fois vn mefme voyage, employant en chacun enuiron vingt-neuf
iours & demy ; pendant lefquels nous la voyons diuerfement illuminée, felon qu'elle s'approche ou efloigne de l'afpect du Soleil, duquel
elle reçoit fa lumiere, fe trouuant par fois la terre oppofée entre eux
par leurs diuers cours.

Or nous difons la Lune eftre nouuelle, quand fa partie illuminée
du Soleil commence à nous paroiftre, & de iour en iour augmentant ;
au feptiefme que la moitié de la partie illuminée nous apparoift, nous
difons eftre en fon premier quartier : fept iours apres nous l'appellons
pleine Lune, quand nous voyons entierement fa partie illuminée : pa-
racheuant fon chemin elle vient à defaillir de cette plenitude, n'eftant
fa partie illuminée veuë qu'à demy, fept iours apres, qui eft fon dernier quartier ; & en fept autres iours elle en defaut du tout, & lors
nous l'appellons vieille Lune : puis elle recommence encore fe faifant
nouuelle. Elle a vne puiffance merueilleufe fur les corps inferieurs,

car elle influë en eux force & vertu d'attirer nourriture à proportion
de la communication, & monſtre qu'elle leur fait de ſa lumiere, ſuiuant laquelle proportion le ſel produiſant, qui en eſt comme elmeu,
agit auſſi : d'où il aduient que la mer qui eſt remplie d'icelluy, en fait
ſon mouuement & agitation continuë de flux & reflux, que nous connoiſſons lent, ou plus grand, ſelon le diuers eſtat de la Lune. Meſme
aux equinoxes & ſaiſons temperées, quand le ſel produiſant agit auec
plus de vigueur és arbres & plantes en terre (ainſi que nous apperceuons par les ſéues qui ſe font plus abondantes au Printemps, & en
l'Automne) ce flux & reflux de la mer eſt auſſi plus grand qu'és autres ſaiſons, auſquelles le ſel vegetant eſt empeſché & retenu par l'excés du chaud & du froid, ainſi qu'en terre.

Il nous faut donc auoir égard au cours de la Lune, & la ſuiure en
cette manufacture comme bonne guide, ſi nous voulons nous preualoir de ſes effects : car les arbres & plantes, & leurs fruits eſtans plus
pleins, ou plus vuides de ſubſtance & nourriture, ſelon la plenitude
ou defaut de lumiere, ne ſeront ſi propres en vn eſtat comme en vn
autre, d'obeyr à noſtre artifice, ou ſuiure noſtre intention, ou eſtre
conſeruez ainſi que nous dirons. Voire le bois qui doit ſeruir à charpenterie eſtant couppé, lors qu'il eſt plein d'humeur generante, de cette abondance il s'engendre des vermiſſeaux qui le rongent & gaſtent,
quand meſme il eſt ſec & en œuure. Comme au contraire ſi le bois eſt
deſpourueu de cette humeur generante, qui eſt le baume de nature,
il eſt de peu de durée, & perd auec elle ſa force, ne luy reſtant que le
terreſtre, qui pourriſt bien toſt apres, ainſi qu'il aduient au bois flotté,
ayant long temps demeuré dans l'eau, elle diſſoud ce baume qui eſt la
conſeruation des corps, apres la perte duquel les cendres meſmes du
bois à bruſler en ſont inutiles pour les lexiues.

C ij

CHAPITRE X.

Des Fiens.

APRES auoir parlé des principes, & elements, & de leurs effets, non pas en Philosophe, mais comme simple Agricole, nous auons seulement cherché en eux ce qui fait à nostre labeur. Puis ayant dit quelque chose de la Mer, & du pouuoir de la Lune, sur les corps terrestres, deuant que passer outre, nous dirons aussi ce qui nous semble des fiens, lesquels estans remplis de ces principes & elements, sont si propres & vtiles à la terre, qu'ils semblent estre puissans à restaurer tous les defauts qui se trouueroient en elle : car ils l'eschauffent, rafraichissent, engraissent, souleuent, rafermissent, & donnent autres bonnes qualitez, encore qu'elles semblent contraires, distribuant leur vertu, selon le besoin des terres, quand auec prudence ils sont employez. Faisons en donc vn grand amas, car en eux abonde nostre secours, leur pourriture est l'ornement des iardins, l'augmentation de la vigueur des plantes, leur puanteur passée ayde à produire les bonnes odeurs des fleurs, leur meslange fait le temperament, & auec eux, & par eux, nous faisons des merueilles.

Tout ce que la terre produit, de nature vegetale, ou animale, s'il n'est consommé par le feu, deuient encor terre par la pourriture, & estât bruslé, les cendres aussi se font terre, & seruent de fiens, contenant en elles le sel & autres principes, que nous cherchons dans les fiens : car, comme nous auons dit, ces principes ne sont point consommez en la perte des corps terrestres : Tous les fruicts, les plantes, herbes, & feüilles, soit qu'elles soient mangées par les animaux, ou qu'elles leur seruent de littieres, ou amassées autre part, & mises pourrir, font les fiens : mais grandement aydent à la bonté d'iceux les excremens des animaux, à cause de l'augmentation du sel, qu'ils y apportent, & des qualitez qu'ils y donnent. Ainsi les cendres, & les fiens estans le demeurant des corps terrestres consommez, dans lesquels restent les principes de generation qui auoit esté faite esdits corps, les qualitez d'iceux ayant esté longuement infuses en ces principes, & eux en elles, ces fiens en retiennent encor de grandes impressions, tant de la qualité des corps, que de celles des esprits, lesquelles puis apres ils viennent à contribuer de rechef à la production d'autres plantes, quand nous les employons en terre, faisant les nouuelles participantes des qualitez des precedentes. Cela sera apperceu facilement, si les secondes plantes conuiennent à la nature des premieres, car trôuant vne nourriture propre à elles, elles en feront grandement leur profit, & s'en accommoderont plus volontiers : ou bien si elles sont contraires, il se fera vn meslange de la nature des vnes & des autres, d'où il prouiendra des changements, qui selon qu'ils rencontreront, seront propres à rabiller ce que nous desirons aux fruicts, & plantes, ou bien à les empirer, si nous ne considerons les facultez de ces alimens, & la nature de ce que nous voulons qu'ils nourrissent. Il sera donc necessaire de faire distinction des fiens, mettant chacune sorte à part pour en vser à propos, & selon le besoin.

Le fien qui prouient des excrements de l'homme, est plus temperé & plein de sel generant qu'aucun autre, & tres-propre quand il est bien consommé pour les Orangers, Citronniers, & autres plantes que l'on met dans des vases, ou caisses.

Le fien de Cheuaux & Asnes est abondant en chaleur temperée.

Celuy de Bœufs & Vaches est frais.

Celuy de Brebis & Cheures, est plus gras & bien temperé.

Celuy de Pourceaux est chaud.

Celuy de Pigeons, & volailles, plus chaud encores : mais celuy des oyseaux aquatiques, est bruslant.

Les boüillons & laueures d'escuelles, le lexif, le fang des animaux, & les animaux mesmes seruent de fiens, bien temperez, & gras. Celuy de marc de vin, & la lie, ont infinie vertu, retenant des qualitez excellentes, & esprits subtils, dont nature a remply la vigne, sur toute autre plante. Celuy du marc des huiles augmente grandement la vertu produisante à la terre, mais il y a danger du trop, faisant le mesme effect dans terre, que les choses trop grasses font dans nostre estomach. Celuy des autres fruicts selon ses qualitez, en participe, & donne aux mesmes arbres, ou plantes qui les portent, grande vertu fructifiante, & les mesmes esprits qui leur sont necessaires. Celuy qui se fait des sirops, & rafineries de sucre & miel, est la douceur mesme, tres-propres aux plantes ausquelles on desire la douceur sauoureuse, où ils abondent. Celuy qui est meslé de saumeure donnera son goust. Celuy qui sera fait de plantes particulieres, abondantes en qualitez puissantes, de saueurs, couleurs, ou odeurs, & leurs cendres aussi en participeront. La corne des animaux a grande efficace en terre, l'employant rapée & par coppeaux que font les Cornetiers, comme ont aussi les ergots & ongles de brebis & moutons. Le tan qui a seruy à apprester les cuirs y est propre, mesme celuy qui se fait dans les corps des saules, quand la pluye y entrant les pourrist. Et employerons encor la suye des cheminées qui fait multiplier les fleurs, les boües amassées par les ruës & chemins bien seichées & éuaporées, employées en terre, augmente d'autant sa bonté que les boües ont esté meslées & longuement paistries auec le soleil, l'air, & les pluyes. L'Esté aussi sont bonnes à s'en seruir les poussieres des ruës & chemins, lesquelles n'ayant tant de graisse que les fiens, sont plus profitables aux vignes, ne rendant le vin gras & huileux, ainsi que font les fiens en certaines terres grasses de leur nature.

Mesme ayant besoin pour les Orangers, & autres plantes exquises, qui se mettent dans des caisses & pots, d'vn sien qui aye abondance de ce sel produisant, ils'en fera vn excellent, si creusant en terre vne fosse de six pieds de large, quatre de profond , & de longueur proportionnée à la quantité de fumier dont on aura besoin, vous la remplissez d'vne couche de fumier menu bien pourry d'enuiron deux pouces d'espaisseur, sur laquelle en mettrez vne autre de pareille hauteur de bonne terre, vne autre de marc de vendange , vne autre de crotin ou fumier de Mouton , vne autre de fumier de Pigeon, vne autre de Vache, y meslant les tiges & feüilles de Citroüilles, Concombres, & Melons, mesmes leurs fruicts gastez & pourris, continuant à mettre alternatiuement vne couche sur l'autre, iusques à ce que la fosse soit remplie, puis y ayant ietté quantité d'eau dessus, l'acheuerez de couurir de terre, & la laisserez deux ans se consommer & pourrir, ayant soin d'oster les herbes qui croistront en abondance dessus; il sera bien de faire la fosse en lieu frais, ou proche du puits, afin de la pouuoir arrouser pour la faire tant plustost pourrir, & empescher que le fumier ne se bruse faute d'humidité; au bout de deux années trouuerez vn sien gras & bien pourry, qui seruira d'vn excellent remede aux arbres malades, & d'vne grande ayde aux plus vigoureux; & sera bien d'en faire toutes les Automnes, afin d'en auoir tousiours de bien consommé & pourry. Et sur tous n'en doiuent estre dépourueus ceux qui ayment, ou qui ont charge des Orangers, Citronniers, & autres plantes rares, qui se mettent dans des caisses, & qui par consequent ont besoin d'vne grande nourriture, qui se trouue tresconuenable dans le fumier susdit.   Donc que rien ne se perde, & que tout ce qui pourra estre employé en siens soit aussi soigneusement recueilly que merite l'vtilité qu'ils apportent, & specialement les fruicts pourris, & qui tombent deuant qu'estre meurs ; car ils seruiront aux mesmes arbres ou semblables, de bonne nourriture propre à leur nature.

Chacune sorte de siens estant separée doit estre mise à monceaux par vn soigneux affaissement, qui aydera & auancera la pourriture : le plan de la terre où ils seront amoncelez doit estre vn peu concaue, & ferme, afin que leur ius coulât ne se perde : Et pource il n'est pas bon que les siens soiét mis en lieu penchât, ny dessous les goutieres des maisons, de peur que l'abondance d'eau ne les laue, & emporte leur bonté, celles des pluyes suffit pour ayder leur pourriture.   Les siens plus pourris sont les meilleurs pour augmenter la vertu produisante de la terre, & s'il estoit possible d'attendre leur perfection, ne seroit besoin de les employer que la troisiesme année, & lors ils n'auroient que de bons effects, tous les inconueniens qui sont és nouueaux siens estant passez, comme la puanteur de leur pourriture, qui donne mauuaise odeur, & mauuais goust; leur chaleur excessiue, qui rend la terre intemperée, tuë les plantes, & engendre des animaux qui les mangent: le sel produisant que nous cherchons en eux, n'est mesme temperé qu'auec le temps & les exhalaisons qui se font : bref deuant que les siens soient propres à la production, il faut qu'ils soient reduits & faits terre. Cependant les nouueaux fiens ne feront inutils, les vns feruans de bons medicaments aux arbres, les autres conferuant les plantes de la rigueur du froid, d'autres faifant germer les graines, d'autres chaffant les mauuaifes broüées, & donnant autres aydes & fecours tres-vtils. Nous auons defia dit, que les fiens à demy pourris feruent à feparer & efchauffer les terres argilleufes trop preffées, & trop froides, & quand ils font acheuez de pourrir leur contribuent leur fel. La meilleure fai-fon pour employer les fiens, eft l'Automne; car il eft diffoud en terre, par les pluyes qui furuiennent : & durant l'Hyuer il eft apprefté pour la pro-duction qui fe fait au Printemps, eftant bien meflé par les labourages. On les peut auffi employer au Printemps appreftant la terre pour les femences & plantes; mais l'Efté il eft feché trop foudain par la chaleur vehemente qui empefche fa vertu, & fa propre chaleur fe rend intempe-rée par celle de la faifon.

CHAPITRE XI.

Des quatre Saifons de l'année.

LE Soleil faifant fon cours annuel, fe hauffe ou baiffe iournellement fur noftre orifon, & formant par ice-luy l'année, il la rend de diuerfes temperatures, felon que fes rayons approchent ou s'efloignent de la li-gne perpendiculaire tombante fur noftre orifon, & a caufe de cette diuerfe temperature, & de fes effects diuers, l'année a efté diftinguée en quatre parties, donnant trois mois à chacune d'icelles, qui font le Printemps, l'Efté, l'Automne, & l'Hyuer, que nous appellons faifons, deux defquelles font temperées, & les deux autres entremeflées parmy celles-cy, font intemperées, l'vne de chaud, & l'autre de froid exceffifs.

La premiere faifon eft le Printemps de qualité chaude & humide, qui la rend temperée, non efgalement, ains montant du froid au chaud par vn doux degré conuenant tellement à la nouuelle production, que par fon moyen la terre fait que nous n'auons qu'à admirer la fouueraine Prouidence en fes œuures, aufquelles n'y a à fouhaitter, ne defirer, finon que les temps & les faifons fe comportent felon la difpofition qui leur a efté ordonnée par la Prouidence diuine dés le commencement du mon-de. Mais Dieu regnant fur cette excellente difpofition de nature, il s'en fert comme bon luy femble, il y change & altere quelques fois pour cha-ftier les hommes de leur ingratitude; il donne la grefle au lieu de pluye; il retient de la gelée pour s'en feruir hors temps au lieu de rofée, il enuoye des bruines qui gaftent les fleurs & les fruicts; les vents fouflent comme il ordonne, diminuant & reftreignant fes liberalitez, en deftournant ou retardant les moyens dont il fe fert à nous bien faire, afin de nous faire penfer à luy & reconnoiftre fes graces & fa iuftice.

Le Soleil donc fe hauffant au Printemps fur noftre orifon, efchauffe iournellement de plus en plus la terre, & la viuifie, attirant & incitant la faculté vegetante & produifante qui eft en elle: Et de plus, le Soleil fe leuant en cette faifon, auec autres Aftres de conftellations & vertus attractiues, il éleue de la terre & des eaux des exhalaifons, qui font portées en la moyenne region de l'air, & là par le froid efpaiffies, & puis conuerties en pluye, de laquelle la furface de la terre eftant fouuent arrofée, fa fecondité en reçoit vne ayde tres-puiffante à la generation. De forte que plus cette premiere faifon eft fouuent entremeflée d'humidité par les pluyes, & de chaleur par les rayons du foleil, elle produit dauantage de plantes, les fait plus belles & amples ; leurs fleurs & fruicts tendres & delicats, font formez, nourris, & accreus en vn air doux, qui eft temperé par les mefmes moyens qu'eft la terre. Dauantage en cette premiere faifon foufle ordinairement vn vent d'Occident doux & temperé felon qu'eft la region d'où il part, Fauonius ou Zephyre amy des fleurs, qui les éuente, & fe laiffe aipirer doucement, afin que ny le foleil trop fort, ne puiffe deffeicher, ny la pluye trop continuelle fur eux, pourrir cette delicate production, où abondent tant d'excellences & delices.

Or la nature trauaillant diligemment pour nous en cette premiere faifon, il n'eft pas raifonnable que demeurions les bras croifez, il la faut fuiure, il la faut ayder, pour la rendre propice à noftre defir, & qu'elle nous donne les commoditez & plaifirs que nous defirons d'elle. Puis qu'elle fait germer les graines au Printemps, il faut luy en donner de bonne heure de celles dont nous defirons les fruits, ou elle enfera naiftre des fiennes fans noftre ayde ; car elle en a de toutes fortes en fon fein, les noftres mefmes font prifes chez elle, & elle les augmentera encor de bonté & beauté, fi nous faifons les chofes à temps & à propos. Si defia nous n'auons planté ou tranfplanté les arbres forts, il fe faut hafter, ou attendre l'Automne ; car depuis que la féue monte, & le beau verd du nouueau iet commence à paroiftre, il n'eft plus temps de changer de place aux arbres, fur peine de mort. C'eft icy la meilleure faifon d'enter les arbres en la meilleure maniere ; à fçauoir dés les premiers iours du Printemps, deuant que la fubftance appreftée monte & fe leue, & qu'elle foit employée en fleurs, en feüilles, & en branches. Si auffi nous auons à tailler, couper, ou efbrancher, lier, plier, & iacqueter, ç'en eft la vraye faifon deuant que les bourons foient enflez & groffis, de crainte de les meurtrir ou rompre. Bref c'eft le vray & propre temps de iardiner, ayant les terres de long-temps efté appreftées, attendant cette temperature neceffaire, & cette faifon commence à la my-Mars, le Soleil entrant au figne du Mouton, qui eft l'Equinoxe.

DE

DE L'ESTE'.

APRES suit l'Esté, chaud & sec, qui est la seconde saison, commençant à la my-Iuin, lors que le Soleil entre au signe de Cancer, desia
haut esleué sur nostre orison : sa chaleur cuit & meurit les plantes &
fruicts plus tendres & auancées, & faisant croistre les plus tardifs ; appelle les Faucheurs aux prez, où desia l'herbe creuë & montée en graine
commence à iaunir : Il nous donne les Cerises, & Abricots, apres les
Fraises du Printemps, qui desia ont seruy de rafraichissemens & mets
tres-delicieux aux meilleures tables : Il a ses Poires particulieres de plusieurs sortes tres-excellentes : diuerses sortes de Prunes nous viennent
en cette saison, & les grandes moissons des bleds : Il paye & recompense
la peine des Laboureurs, leurs granges estant remplies de ses tresors iau-
nissans. Le Iardinier a plus de peine à cueillir & amasser qu'à labourer, il
arrose ses semences & plantes, il tond & enioliue ses pallissades & bordures, il ente en escusson, si la séue dure, ou il se repose durant la grande
chaleur du iour qui luy oste sa force, voire la force de la terre. Neantmoins si vne grande pluye suruenoit, dont la terre fust imbuë, rafraichie
& humectée, tel temperament feroit vn nouueau Printemps, & l'arbre
qui auroit allongé son iet, tant qu'il auroit eu de séue & d'humeur coulante, que la grande chaleur auroit arrestée, trouuant lors en terre nouuelle temperature, prendroit nouuelle prouision, & de nouueau com-
menceroit de pousser, & à allonger ses branches nouuelles, autant que
la chaleur de l'Esté moderée le luy permettroit ; plusieurs arbres & plantes qui donnent leurs fruicts en Automne, se trouueront grandement
soulagées de ce rafraichissement, plus vtile & propre aux plantes & à la
terre, que tous les arrosemens du Iardinier.

DE L'AVTOMNE.

L'AVTOMNE de qualité froide & humide, est temperée entre le
grand chaud de l'Esté, & le froid de l'Hyuer, par l'abbaissement du
Soleil, qui retournant le chemin qu'il estoit monté, est prest d'entrer en
la Balance peu apres la my-Septembre : son esloignement ennuye la terre, & de regret elle laisse ses beaux habits ; elle se despoüille, ses feüilles
tombent, & deuient langoureuse. Neantmoins le Soleil se leuant auec
autres astres de vertus attractiues comme au Printemps ; il donne à la
terre des pluyes en abondance qui amollissent sa dureté, rafraischissent
l'excessiue chaleur qu'il luy auoit apportée. La regardant de prés ; & de
cette temperature elle reprend vigueur, raprouisonne toute sa production : & sans le froid qui suruient, & rend l'air plustost intemperé
qu'elle, non seulement elle feroit de nouuelles fleurs ; mais elle allonge-
roit aussi les branches, qu'elle grossit & fortifie pour resister à la rigueur
de l'Hyuer prochain. Elle est riche en fruicts, & si l'Esté a eu les moissons elle à les vendanges ; les Pommes, Poires, & Coins, sont a elle, &

D

infinis autres fruicts qu'elle acheue de cuire & meurir à loifir ; auffi font-
ils de plus longue durée, & font gardez pour la prouifion de l'Hyuer,
qui eft pauure & fouffreteux. Les bons Iardiniers ne laiffent paffer la
commodité de fa temperature, fans s'en preualoir, & dés fon commencement, apres la premiere forte pluye qui furuient, ils plantent leurs
arbres, qui prennent terre & nourriture, auant que le grand froid ait
arreflé la nature : C'eft la bonne faifon de planter, non feulement les
arbres forts, & les grands plants, mais auffi tous autres menus plants : il
faut femer auffi bien aux iardins qu'aux campagnes : c'eft la faifon des
bons labourages, de l'amendement des terres par les fiens, & toute autre
bonne culture doit eftre faite durant cette temperature, preuenant les
dangers & inconueniens que l'Hyuer apporte.

DE L'HYVER.

L'HYVER chenu, de qualité froide & feiche, femble eftre contraire à la generation ; car durant iceluy la terre par l'efloignement
du Soleil eft retirée en elle fans vegetation, ne fe trouuant aydée de
chaleur, dont naturellement elle manque, eftant de qualité froide &
feiche, ainfi que l'Hyuer : & fans chaleur en nature il n'y a point de vie,
ny de vie fans chaleur : de là vient qu'elle eft infertile, fi le Soleil ne la regarde, & ne l'efchauffe : car feulement par vn peu de fon abbaiffement,
que diminuë la force de fes rayons, elle eft arreftée fans mouuement :
neantmoins le temps qu'elle demeure fans trauailler ne luy eft du tout
inutile, fon repos la renforce, & le rude froid de l'Hyuer ne luy eft fi contraire, qu'il ne luy ferue en quelque chofe. Apres auoir efté glacée & endurcie, le dégel furuenant luy vaut mieux qu'vn labourage, fes groffes
mottes fe mettent en pouffiere, parmy laquelle l'air s'incorpore facilement, duquel elle n'a pas moins de befoin à la generation que des autres
elements, ores qu'il foit fon contraire. Si la rigueur du froid tuë aucunes plantes inutiles, ou les mauuais animaux qui gaftent les bonnes, cela
fert à fon embelliffement pour la faifon prochaine. Les neiges de l'Hyuer
luy feruent de couuerture contre le trop grand froid, & conferuent les
femences, empefchant que les oyfeaux & autres animaux ne les mangent. L'Hyuer donnant vn peu de repos aux Laboureurs & Iardiniers,
du grand trauail qu'ils rendent à la terre, leur donne temps de s'apprefter,
pour puis apres l'orner & embellir dauantage, ayant de bonne heure
tranfporté fous dés couuerts & lieux temperez, les plus delicates plantes, ou en ayant couuert d'autres fur le lieu, & laiffé les plus fortes à la
mercy du froid, qui felon les climats eft plus rude, ou plus moderé, plus
auancé, ou tardif, ou de plus longue, ou plus courte durée.

CHAPITRE XII.

De la situation du Iardin.

L A situation du Iardin est grandement considerable en trois choses, principalement en l'aspect selon les differences de climats, en la fertilité naturelle de la terre, & en la commodité de recouurer facilement de l'eau pour les arrosements ordinaires. Premierement pour l'aspect, si nous nous trouuons en vn climat fort chaud, l'aspect du Septentrion moderera la trop violente chaleur en partie; comme au contraire és climats trop froids nous deuons chercher l'aspect du Midy, & nous garder du Septentrion, tenant pour maxime qu'en quelque lieu que soyons situez, nostre Iardin aura tousiours besoin d'vn bon & puissant soleil, necessaire à la production : mais s'il est trop violent il destruit, y ayant des contrées où l'excessiue chaleur ne laisse pas seulement croistre de l'herbe ; il faut euiter cette violence autant que pourrons, en nous mettant à couuert, s'il est possible, du plus grand chaud, qui est le Midy, & rafraichissant la terre d'arrosements abondans, pour la rendre en vne certaine temperature, moins froide que chaude neantmoins, par l'abondance des plantes & leur ombrage, la terre est aussi moins desseichée des rayons du soleil, & conserue dauantage son humidité. Si nous sommes en climat de bonne temperature, comme est en France la hauteur de quarante cinq degrez, il nous sera bien plus facile d'éuiter les inconueniens qui arriuent par l'excez du chaud & du froid, qu'en ceux qui sont plus intemperez, cettuy estant suffisamment chaud pour la production de la plus part des fruicts & des plantes qu'auons en vsage; ou si nous auons des plantes, ou fruicts qui demandent encor vn plus chaud climat, nous pourrons faire comme i'ay dit, parlant de l'augmentation de la force du soleil, prenant vn costau qui regarde le Midy, & qui nous defende du Septentrion, il ioüira encor du Leuant & du Couchant, s'il n'y a empeschement d'ailleurs, & sera veu le long du iour d'vn tres-grand soleil, qui sont de grandes aydes à sa force : & au defaut d'vn costau nous éleuerons des murailles en ces mesmes aspects, contre lesquelles nous planterons nos espalliers de fruictiers, nous seruant de leur ayde & secours, selon le besoin que nos fruicts ou plantes en pourront auoir.

Les climats chauds comme peut estre la Prouence, n'abondent pas en toutes sortes de fruicts & de plantes, ils ont leurs fruicts particuliers, comme les Citrons, & Oranges, les Grenades, Oliues, & Figues, les Raisins, & les Melons qui ayment les climats chauds. par cette grande chaleur sont cuits & mieux assaisonnez telles sortes de fruicts, leur sa-

D ij

ueur , odeur & couleur en eſt plus parfaite qu'és climats plus temperez , & neantmoins ſi en ce climat de quarante cinq degrez & prochains,
nous apportons toutes les precautions & les remedes neceſſaires ,
nous aurons tous ces fruicts là ſuffiſamment bons, & les autres fruicts &
plantes, qui ne demandent qu'vne chaleur moderée, nous les y aurons
excellens & abondans, pourueu que la nature de la terre ſoit capable de
les nourrir. Il y a des terres qui ne ſont pourueuës naturellement de
nourriture conuenante à certaines plantes & fruicts , ainſi que nous
voyons en diuerſes contrées differentes ſortes de plantes. Or tout ainſi
que la nature demande la temperature en la production qu'elle fait, cherchons là auſſi és climats & aſpects, où nous nous trouuons ſituez, où
choiſiſſant vne ſituation, prenons la plus temperée qui s'offrira, amendant par l'aſpect, s'il eſt poſſible, le defaut qui ſe trouueroit au climat.

L'aſpect de l'Orient, & celuy de l'Occident, ſont naturellement temperez , pour les raiſons qu'auons dites parlant de leur ſituation ; c'eſt
pourquoy toutes ſortes de fruicts viennent tres-bien contre les murailles
qui ont ces aſpects, ſpecialement l'Orient eſt à priſer en la pluſpart des
climats, pourueu que les premiers rayons du Soleil effleurans la ſurface
de la terre ne trauerſent des lieux mareſcageux , & nous apportent ces
mauuaiſes exhalaiſons qui s'éleuent le matin de ces lieux fangeux & in-
fects ; ſi à midy le Soleil paſſoit par deſſus le marais, l'infection ſeroit eua-
porée & deſſeichée par les premiers rayons , & ne nous apporteroit ſi
grand preiudice, tant à noſtre ſanté, qu'aux arbres & plantes de nos Iardins, qui ſouuent s'en trouuent grandement incommodez.

Quant à la terre, il la faut choiſir bien fructueuſe , par les qualitez
qu'auons remarquées les meilleures, n'ayant pas ſeulement égard au premier lit de la ſurface, mais auſſi au ſecond & troiſieſme, eſquels les arbres s'attachant profondement auec leurs racines, contre l'ébranlement
des vents y doiuent trouuer nourriture, qui n'apportent ny aux arbres
ny aux fruicts ſubſtance faſcheuſe & contraire, qui pourroit changer
le gouſt, & autres bonnes qualitez du fruict , ainſi qu'il s'en trouue:
celle qu'auons nommée varaine douce plus propre aux Iardins, eſt ordinairement pourueuë de bonne nourriture de facile culture, propre à
receuoir amendement par les fiens & arroſements , & n'apporte aux
plantes aucunes mauuaiſes qualitez , auſſi ſe plaiſent en elle la pluſpart d'iceux.

Pour le regard de l'eau, nous deſirerions ſans raiſon vn fort Soleil
pour noſtre Iardin, ſi nous n'auions l'eau pour temperer ſa chaleur, &
pour arroſer la terre quand elle, ou les ſemences que nous luy donnons,
en ont beſoin : nous recouurerons cét eau, s'il eſt poſſible, d'vne ſituation plus haute que celle du Iardin, afin de la conduire plus facilement
dedans, ſoit en ruiſſeau coulant ſur terre, ou en tuyaux couuerts, il n'importe de quelle matiere ſoient les tuyaux, pourueu qu'ils nous amenent
quantité d'eau , qu'il faut quelquefois en grande abondance pour vn

arrofement general à tout le Iardin, iufques à le couurir d'eau pour peu
de temps, il aduient quelque fois que la terre eft fi alterée que par autre
arrofement on ne pourroit l'humecter à fuffifance, & le peu d'arrofement apporte fouuent preiudice, le prudent Iardinier en fçaura vfer
difcretement, ainfi que nous dirons parlant des arrofements.

Il faut auffi qu'amenant l'eau abondante en noftre Iardin, elle aye fa
defcharge facile & continuelle par vne pente qui l'écoulera dehors, &
empefchera l'incommodité qu'elle nous donneroit feiournant chez
nous. Doncques trouuant vne douce colline en bon afpect felon le climat, en laquelle fort vne bonne fource continuelle, ou vn ruiffeau coulant, nous prendrons la fituation de noftre Iardin, au deffous de ladite
fource, ou ruiffeau, afin d'y pouuoir conduire l'eau, & le bas de la colline au deffous du Iardin, feruira pour la defcharge & vuidange ordinaire
de l'eau qui nous apporteroit incommodité, fi n'auions lieu de l'en-
uoyer apres l'auoir appellée; car l'excellence de l'arrofement eft d'auoir
l'eau commode & abondante pour en vfer felon le befoin, & non autrement. Cette demie hauteur de colline nous donnera encor commodité
de receuoir vn bon air, falubre, & de bon temperament, eftant celuy
du fonds des vallées ordinairement eftouffé par la reuerberation des
rayons du Soleil, caufée des montagnes, & autres hauteurs qui fe rencontrent és enuirons, qui empefchent le vent de purifier l'air, & le rafraichir, dont les arbres & les plantes n'ont moins de befoin pour les tenir
en bon eftat, que les hommes mefmes pour leur fanté; mais la cime &
hauteur entiere de la colline, ou montagnette, fe trouue au contraire
fouuent trop éuentée, & trop rafraichie : la force des vents y eft trop
violente, fecoüant les arbres auant que les fruicts foient meurs, rom-
pant leurs branches chargées de fruicts, & donnent trop de peine aux
racines de s'attacher profondement de crainte d'ébranlement, quelque
fois en mauuais terroir. Il fera encore befoin qu'en cette demie hauteur de colline fe trouue affez de plain, foit naturel, ou fait par art, afin
que les allées & promenoirs y foient de niueau, beaux, & faciles, &
qu'arriuant des rauines & trop fortes pluyes, elles n'emmenent les terres en bas, fi la fituation eftoit trop penchante. Doncques s'il dépend
de nous de choifir à noftre gré la fituation du Iardin, nous aurons premierement égard au climat, & felon iceluy choifirons l'afpect conuenant, prendrons principalement le terroir naturellement fructueux,
ayant la commodité de l'eau, & l'éleuation en air temperé, qui font chofes qui ne fe rencontrent pas toufiours comme il feroit à defirer : mais
chacun en approchera le plus prés qu'il pourra, s'il veut ioüir des bien-
faits de la nature auec moins de peine.

CHAPITRE XIII.

Des qualitez requises au Iardinier.

YANT entrepris de parler des arbres & plantes, &
des choses conuenantes aux Iardins; il est aussi raisonnable de dire quelque chose du Iardinier, sans
l'adresse & suffisance duquel nous ne pourrions venir à bout de nostre besogne. Si nous deuons faire
distinction des plantes & fruicts, voire de la nature
des terres & fiens, employerons nous à cette manufacture tant importante, de grand art & grande
pratique., le premier qui se presentera , sans le
connoistre & bien choisir? Quand auec grand soin nous le chercherons,
à peine trouuerons nous homme d'entiere connoissance & intelligence
requises en toutes les parties du iardinage : aussi ie croy que nous aurons
plustost fait d'en dresser vn, que de le trouuer accomply, se rencontrant
en cét art non moins de particularitez à sçauoir, qu'és autres arts que
nous voyons departis & separez ; l'Orfeurie a plusieurs sortes d'Orfe-
ures, les Forgeurs, les Menuisiers de mesme, ne pouuant à peine vn seul
homme apprendre en toute sa vie vn art entier : ainsi des Iardiniers,
l'vn entendra vne particularité, l'autre, l'autre; & neantmoins il seroit
besoin qu'vn bon Iardinier fust vniuersel en son art, tant pour faire les
choses de sa main, que pour les faire faire aux autres qu'il employera.

Or tout ainsi que nous choisissons pour nostre Iardin les arbres ieunes, la tige droite, de belle venuë, bien appuyée de racine de tous costez,
& de bonne race : prenons aussi vn ieune garçon de bonne nature, de
bon esprit, fils d'vn bon trauailleur, non delicat, ains ayant apparence
qu'il aura bonne force de corps auec l'aage, attendant laquelle force
nous luy ferons apprendre à lire & escrire, à pourtraire & desseigner;
car de la pourtraiture dépend la connoissance & iugement des choses
belles, & le fondement de toutes les mechaniques; non que i'entende
qu'il aille iusques à la peinture, ou sculpture, mais qu'il s'employe principalement aux particularitez qui regardent son art, comme les com-
partiments, feüillages, moresques, & arabesques, & autres, dont sont
ordinairement composez les parterres : commençant à profiter en pourtraiture, il faudra monter à la Geometrie, pour les plans, departements,
mesures, & allignements, voire s'il est gentil garçon iusques à l'Architecture pour auoir intelligence des membres qui font besoin aux corps
releuez, & apprendra l'Arithmetique pour les supputations des dépen-
ses qui pourront passer par ses mains, afin qu'il ne se trompe, ou ne se
laisse tromper quand il sera besoin d'achapts & fournitures de plan, ou
autres matieres. Toutes lesquelles sciences, il faut apprendre en ieu-

nesse, s'il est possible, afin qu'estant en aage suffisant de trauailler aux iardins, il commence par la besche à labourer auec les autres manœuures, apprenant à bien dresser les terres, plier, redresser, & lier le bois pour les ouurages de relief : tracer sur terre ses desseins, ou ceux qui luy seront ordonnez, planter, & tondre les parterres, & auec la faucille à long manche les pallissades, & plusieurs autres particularitez qui regardent les embellissemens des iardins de plaisir ; reste le iardin d'vtilité qui prouient des fruicts & des plantes qui sont mangées, où il faut non moins d'intelligence & de trauail qu'en l'autre, la connoissance de la nature des terres fort differente, y est encore plus necessaire, celle des fiens diuers, de la difference des climats & des aspects, celle des vents & de la Lune, iusques à pouuoir vser de pronostique pour preuoir les temps : faut auoir la connoissance des plantes, qui est vne grande science ; sçauoir leur nature, & la culture qu'elles demandent, les saisons de semer leurs graines, de les auancer, les transplanter pour les faire croistre, retarder, & conseruer, blanchir & attendrir, & infinies autres particularitez encor, qu'il faut que le Iardinier sçache pour faire & pour enseigner ses gens, car tant & tant de choses ne se font pas par vn homme seul.

Quand il sera question d'vn iardin meslé de gentillesses pour le plaisir, & pour l'vtilité ensemble, si nous ne trouuons vn Iardinier suffisant pour les deux, il en faudra choisir vn autre qui aura esté nourry & instruit és iardins potagers de ces marais és enuirons de Paris, car les Maistres qui les tiennent entendent bien cette maniere de iardinage, à laquelle est besoin d'vn long apprentissage, aussi bien qu'à l'autre, & quelque suffisance que puissent acquerir l'vn & l'autre de ces Iardiniers, si est-ce qu'ils pourront encor apprendre tout le long de la vie, s'ils sont affectionnez au mestier, & ne deuiennent faineans, l'art estant plein de grandes & belles curiositez & secrets pris de la nature, non moins dignes de speculation & arraisonnement, que du trauail de la main.

Du soin & trauail que doit prendre ordinairement le Jardinier.

LE trauail & exercice de l'Agricole n'est pas petit, ny pour vn iour : pour peu d'entreprise qu'il fasse, il aura encor le temps court, suruenant iournellement nouuelles besognes ou occasions de s'employer. La premiere & principale est, de soufleuer la terre, qui de sa propre pesanteur s'affaisse & durcist, & par le labourage & remuëment elle est renduë plus capable de receuoir l'ayde des autres elements, qui prennent plus facile accez en elle, la tempere des facultez & puissances contraires qui sont en eux, & par cette temperature elle deuient plus feconde & capable de conceuoir & nourrir cette belle & heureuse production, qu'elle fait par les saisons de l'année, selon la temperature d'icelles. C'est donc à l'Agricole de la preparer à temps qu'elle puisse trauailler à fon œuure, auffi toft que cette temperature arriue, fans laquelle la terre demeure impuiffante, le froid & chaud exceffifs l'arreftant, & empefchant d'agir felon fon defir. Or pour paruenir à cette temperature, nous deuons auoir égard aux climats, & aux afpects des lieux où nous nous trouuons fituez, & à ceux que nous pouuons choifir, pour amender en eux par artifice ce que nous pourrons de leur defaut.

Le choix des terres eft encore grandement confiderable, tant de celle de la furface que des autres lits prochains; car celle qui naturellement eft fort fructueufe, épargne bien de la peine quand il faut rabiller les defauts; fi elle eft trop feiche, il luy faut vn champ plain, & de niueau, pour receuoir & retenir l'eau de la pluye, ou autre que l'on pourroit luy donner; & au contraire la terre trop humide demande vn champ penchant qui écoule les eaux, difpofant les feillons & planches propres à tel effect.

Pour les amendements de la terre auec les cendres & fiens, il en faut faire bonne prouifion, fe trouuant peu de terres qui n'en ayent befoin; car en eux fe trouue vn grand fecours pour toutes fortes de terres, quand nous les employons à propos, fe trouuant en iceux les principes de generation des corps dont ils font prouenus, qui n'ont peu eftre confommez par le feu, & par la pourriture, & qui contribuent aux nouuelles plantes, quand ils font mis en terre auec les qualitez des precedentes, d'où il fait de grands amendements aux plantes, & à leurs fleurs & fruicts.

L'Agricole doit encore prendre garde de faire fa befogne en beaux iours clairs & nets, foufflants vn vent propre à netoyer l'air, foit labourant, femant, taillant, plantant, & entant, d'où vient qu'il ne doit perdre aucune occafion de s'employer à ce qu'il pretend pour obferuer tant de particularitez qui y conuiennent, & qui ne fe rencontrent pas fouuent enfemble.

Les faifons, l'eftat de la Lune, les beaux iours, & autres confiderations, où il faut auoir égard, comme à arracher les arbres pour les tranfplanter, & couper les greffes pour les enter, doit eftre en vieille Lune; le tranfplanter & enter doiuent eftre faits en la nouuelle, & toufiours en beau temps deuant que la féue monte, & le plus proche d'icelle qu'on peut; & ainfi des femences celles qui font pour produire plantes grandes & hautes, doiuent eftre femées à la fin & commencement de la Lune, & celles que l'on veut retenir baffes & affaiffées, comme Laictuës & Choux pommez, doiuent eftre femées & tranfplantées en pleine Lune.

Pour les arrofements? Heureux qui a abondance d'eau plus haute que fon iardin, où elle puiffe couler quand il luy plaift, & non autrement, & qui a encore de la pente pour l'écouler hors, quand l'arrofement fuffit; finon il faut auoir recours aux puits, pouferangues, & autres inuentions d'éleuer l'eau, & s'aydant de l'arrofoir ordinaire, arrofer quand befoin eft.

Il y

Il y a des plantes qui ne sont en leur perfection, ou leurs fruicts, que bien tard, & proche de l'Hyuer, & si la gelée les prend ils sont perdus; à ceux-là faut vn couuert, auquel ils puissent estre transplantez en terre, où ils acheuent de venir à perfection; mais il seroit necessaire que tout le reste des saisons, le Soleil & la pluye vissent le terroir pour le rendre fructueux. De cette nature de plante sont les Chou-fleurs, les Artichaux, & autres, mesmes des petits arbres & arbrisseaux qui vueillent le couuert pour passer l'hyuer seurement. Ils se portent mieux y estant plantez en terre auec la motte, que dans les pots & quaisses, & au Printemps les remettre en autre terre en grand air; mais l'vn & l'autre de ces remuëments, & changement de terre, doit estre fait promptement, sans que les racines s'éuentent, ou soient alterées par l'air. Nous demandons que la terre soit bien fructueuse, & la pluspart de nostre trauail tend à cela; mais elle produit ordinairement plus que nous ne voudrions: car ne se contentant pas de ce que nous luy donnons à nourrir, elle produit d'autres plantes naturelles en diuers terroirs, qui gastent & ensallissent nostre besogne, mangent la nourriture de celles que nous desirons, & fait que le Iardinier employe non moins de temps à oster & extirper cette production sauuage, ou naturelle, qu'à toute son œuure; le liseron & le chiendent luy donnent bien de la peine, ayant la vie forte, & la durée longue, ils entrent profond en terre, & la couurent en peu de temps, & beaucoup d'autres, où souuent le sarcler & ratisser ne sert de gueres, & faut venir à vn profond labourage, cherchant iusques aux dernieres racines. Ce n'est pas tout, il se faut garder du rauage des animaux fascheux, qui mangent & broutent nos bonnes plantes, elles ne sont pas nées qu'elles ont les loches & les limassons, qui les cherchent; les taupes, & les mullots les mangent en terre, & les graines; les anetons, & cantarides vont au plus haut des arbres deuorer tout; mais les chenilles de plusieurs sortes destruisent, non seulement vn iardin, mais toute vne Contrée & Prouince entiere, si auec vn soin singulier, & à temps, on ne cherche des remedes contre ces pestes de iardins; les poux, les barbots, les fourmis & autres, sont tresfascheux.

Ainsi l'Agricole n'a pas beaucoup de temps à se débaucher, car apres les plans & semences viennent la taille & rejaquetage, redressement des palliers, & pallissades, leur tondeure, & celle des moyennes bordures & parterres; tout cela & plusieurs autres choses demandent les saisons & temps commode, la pluye doit prendre, ou suiure de prés la tondure, pource qu'on découure à l'air ce qui souloit estre caché de la plante, & le chaud l'enuahist & fanist. Nous ne pouuons pas dire toutes les choses necessaires d'estre faites par le Iardinier, il le void assez sur le lieu, s'il y prend garde de prés. Nous disons cecy seulement pour monstrer qu'il doit estre diligent, patient au trauail, consideré, & pre-

E

uoyant, ne laiſſant paſſer les occaſions de faire ce que le temps & les
ſaiſons requierent. Soit donc l'Agricole bien inſtruit dés ſa ieuneſſe,
comme nous auons dit, pour eſtre prudent & auiſé, diligent & ſoigneux, & que ſon Seigneur ne luy épargne pas les aydes neceſſaires au
beſoin, de crainte que le temps ne s'enfuye, & la ſaiſon ſe paſſe ; car les
choſes faites à temps ſont plus heureuſement conduites à noſtre intention & deſir.

DV IARDINAGE,

LIVRE DEVXIESME.

DV MOYEN D'E'LEVER LES ARBRES, AVGMENTER ET CHANGER LEVRS QVALITEZ.

AVANT-PROPOS.

LAISSANTS au Laboureur la culture des campagnes, & le soin des bleds, nous ne luy donnerons icy autre aduis, sinon de considerer bien curieusement la nature de ses terres, afin de les accommoder à cette temperature, necessaire à la generation, faisant son labourage en temps & en saison conuenable, & n'y épargnant les siens. Nostre soin principal soit donc employé aux Iardins, esquels nature se trouue si pleine de biens, & parée de beautez excellentes, que quand elle nous a fait monstre, & que mesme nous les regardons attentiuement, encor ne les pouuons nous entierement connoistre. Les fleurs ne surpassent-elles pas nostre intelligence, en leur vertu, de si grand efficace, qu'elle se fait plus admirer, qu'elle ne se laisse cognoistre? La suefueté de leurs odeurs, leurs formes si differentes, leurs couleurs tant variées, & leur teint si delicat, sont-ce pas toutes merueilles suffisantes pour arrester les plus beaux entendements? Mais qu'est-ce des fleurs, au pris des fruicts, dont l'abondance est si grande, & la difference tant variée? L'or & les pierres precieuses, viennent icy des Indes, mais les Indes mesme ne donnent rien de si excellent que les fruicts qui y croissent : les supremes saueurs des épiceries tant recherchées, & les douceurs d'infinis fruicts, dont elles sont renommées, sont bien à priser dauantage que l'or & les pierreries.

Mais laissons là les fruicts des Indes, iusqu'à ce qu'en ayons de la race, les nostres suffiront à nostre curiosité, si nous les cultiuons auec intelli-

E ij

gence : amendant ce qui fe trouuera defectueux, en eux & augmentant
leur bonté, fi elle vient à diminuer, voire mefme par le meflange des efpeces, nous pouuons faire produire des chofes fi vtiles & gracieufes, qu'elles ne nous donnerons pas moins de contentement, les voyant venir felon noftre intention, que de delices en les mangeant.

Or auant que venir aux fruicts, il faut parler des arbres qui les portent ; & pource que nous traitterons premierement de leur nature
en general, nous y comprendrons auffi ceux qui n'en produifent point,
lefquels il eft bon de connoiftre, puis qu'ils feruent à l'embelliffement
des Iardins. En apres nous declarerons ce qui eft à obferuer en les femant, plantant, & tranfplantant ; dirons la raifon des entes, & diuerfes
façons d'enter, enfemble le moyen de conferuer, augmenter, & changer les qualitez aux efpeces, & garentir les arbres des dangers & inconueniens à quoy ils font fujets.

CHAPITRE PREMIER.

Des Arbres en general.

LES arbres, comme toutes autres chofes periffa-
bles, ont leurs termes & limites affignez, les vns
plus longs, les autres plus courts, felon qu'il a pleu à
la fouueraine bonté les doüer de force & de durée :
ils ont leur naiffance, accroiffement, & eftat parfait,
& puis leur declin, vieilleffe, & aneantiffement, qui
doiuent eftre confiderez par nous, quand nous voulons nous feruir d'eux, ou que nous voulons leur
contribuer du noftre : car en vn aage ils font capables d'vne chofe, & ne le
font pas en vn autre, leurs efpeces diuerfes font infinies, & chacune efpece diuerfifiée encores de plufieurs fortes (outre que la plufpart ont
mafle & femelle :) ie dy tant des arbres fauuages, que de ceux qui ont
efté affranchis par la culture, & amelioration qu'ils ont receu. Cecy
aduient par l'excellence de la nature, qui eftant abondante en toutes
fortes de varietez, prend plaifir en la diuerfité ; & ainfi fait-elle aux animaux. L'artifice ayde encor à cecy, quand changeant de terroir, ou de
climat, ou affociant vne efpece auec l'autre, nous voyons des changements en leur nature : voire l'aliment que nous donnons à la terre, la
pouuant changer, changera auffi ce qu'elle produira.

Cecy fera le fubtil de noftre agriculture, & le but de noftre intention,
fi auec bonne intelligence nous fçauons appliquer les chofes, aydant
la nature, & la guidant au chemin que nous voulons qu'elle tienne : efti-
mant qu'elle eft fi riche en foy, que nous y pouuons choifir & puifer toutes les varietez qui peuuent venir en noftre fantaifie : Mais quitant les
curiofitez fuperflues, il fuffira de nous arrefter à ofter les vices & defauts,

quand ils fe trouueront aux fruicts, & aux plantes, augmentant leur
beauté & bonté, tant en la forme qu'en la faueur, odeur & couleur.

Confiderons donc l'arbre depuis fa naiffance, fon efpece eft contenuë
en fa femence, qui eft fon noyau, pepin, ou graine bien petite au pris de
fa grandeur, voire cette efpece, qui contient en foy tant de particularitez excellentes, eft contenuë en beaucoup moins d'efpace encor que
fa femence : car fon germe vient à pouffer, & former vn arbre qui a racines, tige, & feüilles, lors mefme que la femence de laquelle il eft produit, eft prefque toute entiere. Or venant ce germe à produire, il pouffe
fa vertu en deux parts diuerfes, en employant la moitié aux racines, qui
prennent leur chemin en bas, & de l'autre moitié, il forme le corps ou
tige, les branches & feüilles, efquelles tige & branches, il infufe la vertu
de l'efpece, qui s'en va aboutiffant dans les boutons, lefquels font formez pour la production de l'année fuiuante; partie defquels boutons
font deftinez pour former les fleurs & fruicts (qui font les bas & premiers)
& ceux des bouts par l'accroiffement de l'arbre. Aucuns arbres pouffent
les fleurs & fruicts du nouueau iet de l'année, autres de la tige, branches
& boutons des années precedentes. De l'autre part, croiffent en mefme temps & mefure les racines, qui au lieu de ietter des feüilles, fuccent
la fubftance de la terre, & d'année en année s'augmentans, cette vertu
fuccante eft attribuée au jet nouueau, tout ainfi que c'eft le nouueau
jet qui eft à l'air, qui produit les feüilles. Ceux donc font bien trom-
pez, qui labourant la terre aux pieds des arbres, grands & vieux, laiffent
en friche celle d'autour; car les racines fuccantes s'éloignent à mefure que
l'arbre étend fes branches, felon qu'elles trouuent la terre facile à penetrer, & les vieilles & groffes racines ne feruent plus qu'à conduire l'humeur, & à tenir l'arbre ferme contre l'ébranlement de fon poids, & contre l'impetuofité des vents, embraffant de tous coftez, & en fond, le terroir; ainfi l'arbre ayant pris le commencement de fon eftre entre fes racines & fa tige, nous y affignerons le centre de fa vie, puis que de là il
diftribuë fa force en deux parts, & en deux effects diuers : chofe tres-
confiderable, quand il fera queftion de transplanter.

Or felon que l'arbre rencontre en terre, il le fait paroiftre fur terre,
car fes racines penetrant facilement en bon & fructueux terroir, trouuant nourriture bien temperée des facultez des elements, il deuiendra gaillard, l'écorce liffe & vnie, le bois poreux & enflé, les branches
longües, & les feüilles grandes & larges : comme au contraire fi la terre eft
dure, de peu de fubftance, à laquelle il ne puiffe s'attacher fermement, &
chercher facilement nourriture, fon bois fera ferré, l'écorce dure & rude, fes branches courtes, & fes feüilles menuës; & s'il rencontre tuf ou
argille de mauuaife fubftance dans le fond, il produira de la mouffe au
lieu de jet, & en fin l'écorce endurcie à faute de nourriture, preffant le
bois, & ne laiffant monter à l'aife la fubftance iufques aux extremitez,
les branches commencent à mourir, & puis le corps. Quelquefois les

racines rencontrent vne telle substance, que tout d'vn coup elle tuël'arbre. Aussi de l'autre part quelquefois l'air est tellement infecté par
les vents, ou plein de broüées, & mauuaises exhalaisons, que les arbres l'aspirant en ce mauuais estat en perdent souuent les fleurs, quelquefois les fruicts tous fournis & gros, ou les feüilles, & quelquefois les
branches, ou l'arbre en meurt entierement. Quelquefois aussi la secheresse est si grande, que la substance & nourriture demeurant alterée ne peut monter, & l'escorce se durcit par la chaleur, les feüilles en
sont bruslées ; mesme penetrant la chaleur trop profond en terre, les
racines demeurent alterées, & l'arbre meurt faute d'humidité.

Quelquefois venant l'eau à croistre plus que de coustume, elle noye
les racines, & les suffoque quand leur nature n'ayme tant d'eau. La gelée d'vn grand hyuer, sur tout celuy qui vient tard, apres que la séue
a commencé de monter, tuë les arbres, ou du tout, ou partie. Quelquefois vn ver perçant, ou s'engendrant entre le bois & l'escorce, tour-
noyera suççant la séue, & l'humeur qui monte, d'où il aduient que la
voye estant empeschée, l'arbre meurt, à faute de nourriture. Plusieurs animaux, chenilles, hannetons, cantarides, fourmis, & autres,
apportent de grandes incommoditez aux arbres, mangeant leurs feüilles & tendre jet, & infectant le reste du bois par leur frequentation.
L'arbre mesme diminue sa vie portant beaucoup de fruict, dautant
qu'en cet effort il employe beaucoup d'esprits, desquels estant desti-
tué le corps terrestre se trouue sans vertu & languissant. Bref les arbres
sont pleins de dangers, nonobstant leur force : ausquels le Iardinier doit
auc à l'œil, amendant auec soin & diligence les inconueniens desquels
nous traicterons à part.

CHAPITRE II.

Des pepinieres.

L y a des arbres qui ne viennent que de semence,
d'autres iettent du pied, & de leurs racines, d'autres
se prouignent, d'autres viennent de bouture, lesquelles diuersitez, nous n'oublierons, parlant des
especes qui multiplient en telles manieres, & en
monstrerons aussi la façon cy-apres.

Maintenant nous dirons, que la pepiniere doit
estre mise en grand air, en terre bien cultiuée de
labourage profond, & de long temps continuée ; afin que les ieunes &
tendres racines ayent facile accez, & que la terre n'ayant produit de
ce long temps, prenne plaisir aux semences qui luy seront données :
mais il n'est pas besoin qu'elle soit des plus abondantes en substance,

afin que les arbres en trouuent vne meilleure, quand ils feront changez de place : car s'il auenoit autrement, ils ne deuiendroient de long
temps beaux & vigoureux apres auoir efté tranfplantez. Or fi nous
voulons auoir des arbres par le moyen des femences , il fera bon d'en
faire choix & diftinction de leurs qualitez , afin que quand nous voudrons nous en feruir, & les mettre en la place où ils deuront demeurer,
pour nous donner plaifir, & profit , que nous fçachions dequoy , &
quels ils doiuent eftre : ou bien quand nous les voudrons enter, que nous
ayons égard à ce qu'ils font, pour y employer des greffes qui conuiennent à leur nature, & à noftre intention : car encore que le greffe forme
l'efpece, le tronc ne laiffe pas de contribuer de la fienne , puis que toute
la nourriture eft premierement attirée & recueillie par luy, voire digerée en partie, & renduë propre à fon efpece.

Choififfons doncq les pepins des meilleures pommes, & des meilleures Poires, auffi bien que les noyaux des meilleures Prunes, Pefches, &
Abricots, & les mettons à part felon leurs qualitez, feparant les rouges
d'auec les blanches & rouffes, les groffes d'auec les petites, les dures d'a-
uec les molles, les plus humides d'auec celles qui ne le font pas tant, les
douces d'auec les aigres, & ainfi de toutes, afin d'en faire élection quand
nous en aurons befoin , ou felon ce à quoy nous les voudrons employer,
car nous y trouuerons des differences bien grandes, & des chofes gentilles en prouiendront. Les pepins donc foient femez au commencement du Printemps, en la Lune vieille, en beau temps, par lignes ou
rayons : ils naiftront pluftoft, fi deuant les femer ils ont efté moüillez
& tenus enfemble vn pouce ou deux d'époiffeur , iufqu'à ce qu'ils
commencent à germer, s'échauffant l'vn l'autre ; & quand ils feront
naiz, qu'ils foient bien entretenus de farclure, afin d'empefcher les
autres herbes de venir manger leur nourriture, ou les fuffoquer : apres
qu'ils ont vn an ou deux, les faut tranfplanter , les difpofant en ordre, & leur donnant efpace pour croiftre & groffir. Quand les arbres à
pepin feront auancez en aage, s'ils montent haut, il fera bon de les couper à vn pied de terre, pour les faire renforcer, & groffir, ils s'accommoderont à cela, & ne le trouueront fi eftrange quand vous viendrez à
les couper bas pour les enter, comme nous dirons qu'il en eft befoin. Si
vous auez lieu pour les mettre à demeurer, il vaudra mieux les tranfplanter fauuages, que les hazarder & rendre malades apres auoir efté
entez. Ie les appelle fauuages, dautant qu'ils en tiennent, bien qu'ils
fuffent prouenus d'vn fruict franc, & qu'ils contiennent l'efpece ; mais
plus defectueufe que quand ils auront efté entez, & nous en donnerons
la raifon parlant des entes. Dauantage fi vous femez les pepins, ou
noyaux du fruict d'vn arbre qui auroit efté enté fur vn fauuageon, le
fruict qui prouiendra de telle femence, tiendra du fauuageon en partie,
& en partie du franc (gardant l'efpece du greffe duquel eftoit prouenu
le pepin) dautant que le pepin ou noyau qui eft produit pour continuer

l'efpece, participe dauantage de toutes les parties de l'arbre, que ne fait
le reſte du fruict, duquel la nature eſt changée par le greffe : ainſi que
i'ay veu vn pepin de pomme de Caluille, laquelle eſt rouge dedans &
dehors, produire vn arbre qui a porté fruict deuant qu'eſtre enté ny
tranſplanté, ſon fruict eſtoit de la forme de la Caluille, long, fait à douues,
& froncé par la teſte, mais blanc dedans & dehors, ayant ſeulement peu
de tacheteures rouges ſur ſa peau luiſante, ſon gouſt, ſon odeur, & la
nature de ſa chair tenoit en partie de la Caluille, & en partie de la Renette, qui eſt pomme blanche, eſtant ce meſlange prouenu de la pomme
de Caluille entée ſur vn pommier de Renette, le pepin de laquelle rete-
noit des qualitez des deux. I'ay encore veu vn noyau de Pauie, qui
eſt iaune, le noyau rouge, produire vn arbre qui porta ſans eſtre enté en
ſa troiſieſme & quatrieſme année, ſon fruict blanc dedans & dehors ;
puis il le porta les années ſuiuantes iaune & rouge vray Pauie, telle
diuerſité prouenant d'vn Pauie enté ſur vn Perſique blanc, le noyau
planté ayant retenu les deux natures, qu'il fit paroiſtre ſeparées, ayant
produit le premier fruict moindre en ſa foibleſſe & premieres années,
de la nature du tronc, & eſtant venu plus fort & aagé, le fit de la nature du greffe, plus ferme de gouſt & de couleur.

Pour le regard de ſemer les noyaux, il y a des hommes ſi ſoigneux,
qu'ils ont pris garde en quel ſens ils les mettoient en terre, pour donner lieu au germe de ſortir plus commodement, & auec moins d'em-
peſchement : mais puis qu'il eſt impoſſible de connoiſtre quel coſté fera la racine, & quel la tige ; il ſuffira par toute diligence qu'y pouuons
apporter, de les poſer en terre deux pouces profond, leur longueur eſtant
couchée à plat, que ſi en auez d'excellent fruict, que ne vouliez hazarder dans terre aux taupes & mulots, & autres accidents, il les faut
mettre dans vn grand pot qu'il faut bien couurir, & l'enterrer enuiron deux pieds dans terre, ou faire vne foſſe de la meſme profondeur,
le fonds de laquelle & les coſtez garnirez de tuilles, afin que les taupes
& mulots n'y puiſſent aller, & mettrez vos noyaux dedans, que re-
couurirez ſoigneuſement auec des tuilles, & de la terre par deſſus, &
les laiſſerez là durant l'hyuer, lequel paſſé découurirez voſtre cache, &
trouuerez germez tous les noyaux qui ſeront bons, leſquels planterez an lieu où voulez qu'ils demeurent ; ils naiſtront pluſtoſt ſi l'os eſtant
caſſé, vous plantez le noyau ſans auoir eſté offenſé, ou l'ayant fait ouurir, par la chaleur du fient moite. Ainſi des Noix & Amendes, mais
ceux-cy demandent eſtre mis au lieu, où vous deſirez l'arbre pour
touſiours, car ils craignent le tranſplanter ſur tous autres : Et de fair,
ſi vous prenez vn Noyer en l'aage de ſix ans, & au meſme iour le tranſplanter, vous plantez vne Noix proche de luy, douze ans apres le
Noyer venu de la Noix ſera plus grand que l'autre, bien qu'il ait vn
tiers moins d'aage. Aucuns pour les rendre plus faciles au tranſplanter, plantant la Noix, ont mis vne pierre platte deſſous, afin que ſa

racine

racine qui entre droit & profond en terre soit diuertie, & que par
ce moyen l'arbre soit plus aisé à arracher : mais cela n'empesche la maladie qu'il en reçoit, & vaut mieux faire comme ie dy. Les Chastagnes
& les glands sont semez à pareille profondeur, & viennent fort bien
en terre apprestée. Pour tant de sortes d'autres arbres, qui viennent de semence, comme Orangers, Lauriers, Ciprez, Meuriers,
Platanes, & autres, nous dirons la maniere qu'il y faut garder, si da-
uenture nous parlons de la nature de chacun d'eux en particulier,
puis qu'il en faut vser diuersement, & que nous auons à en dire d'autres choses.

CHAPITRE III.

De diuerses façons d'affier les arbres.

OVTRE la semence par laquelle la plus part des arbres continuent leur espece, & se multiplient, il
y en a qui le font encor par autre voye, poussant
du pied & des racines, des iettons qu'ils nourrissent, iusques à ce qu'ils soient aussi pourueus de
racines, lesquels estant forts on leue & transplan-
te ; d'autres se prouignent eux-mesmes, tombant
en terre par leur foiblesse, & y font de nouuelles
racines : Nature montrant par iceux aux hommes,
vne voye bien asseurée & prompte, d'affier les arbres, sans rien perdre de leurs qualitez. Nous ferons donc les prouins, couchant vne
ou plusieurs branches d'arbres en terre, sans les couper de la souche,
d'où elles prennent nourriture, iusques à ce qu'ayant ietté des racines
elles se nourrissent elles mesmes : car la branche couchée en terre, sen- *Prouins.*
tant cette vertu generante, dont elle est entourée, qui la chatoüille &
époinçonne, cherche d'entrer en elle, afin que par son moyen elle voye
l'air, & fructifie selon sa nature qui tend perpetuellement à la production & generation : & trouuant aliment pour sa nourriture plus proche, & commode, que d'en attendre des vieilles, & longues racines
de sa souche, se prepare à la receuoir, forme de racines propre à la succer,
& lors elle se preuaut d'elle-mesme, & n'a plus besoin de la nourriture
du vieil tronc. Or si mettant la branche en terre, vous la tordez, ou-
urez, ou fendez, vous rendez par ce moyen la plante plus sensible
à la nourriture de la terre, & à la nourriture plus facile accez en la plante, & à la plante encor plus de facilité à produire des racines : lesquelles estant venuës dés la seconde ou troisiesme année vous ostez
le prouin, l'arrachant & le coupant du corps de sa souche, où il tient

F

encor; puis vous la tranfplantez en la maniere que nous dirons de tous autres arbres.

Ou bien fi l'arbre duquel voulez tirer la race auoit les branches fi hautes, qu'elles ne peuffent eftre couchées en terre, vous éleuerez des vaiffeaux pleins de terre, au trauers defquels ferez paffer les branches, preparées comme nous auons dit, ou feulement mettant le bout de la branche en terre, il prend racine, & reiette en arriere.

Il y a des arbres fi propres à receuoir nourriture, & qui ont tel appetit, qu'en quelque façon qu'ils foient mis en terre ils ne nourriffent, eftans prompts à pouffer des racines, fpecialement les aquatiques, defquels fi vous prenez vne branche groffe comme le bras, ou la iambe, & la faifant pointuë, pour donner plus de faces à la coupe de l'écorce, & la mettez en terre, vn pied & demy profond, elle fe nourrift, iette des racines, & fe fait arbre: mais prenez garde de ne luy laiffer la tige trop longue, car elle ne pourroit tant fuccer, qu'il feroit befoin de nourriture.

Plufieurs arbres, arbriffeaux, & foubs-arbriffeaux, viennent auffi facilement, leurs menuës branches eftans feulement mifes en terre auec la fiche, ou en rayon, fans que de mille il en meure vn, & cette façon eft dite bouture: les branches plus proches de la terre font les plus propres à cette maniere.

D'autres font plantez de marcottes, branches du dernier iet, accompagné de bien peu de vieux bois, lequel apres auoir coupé fort rond il le faut fendre & ouurir auec vne petite pierre, grain d'auoine, ou féue, le pofer en terre, pofé en demy cercle, & laiffer quatre doigts de la branche à l'air pour pouffer fon iet.

Toutes lefquelles façons de planter fe doiuent faire aux equinoxes, à la fin de l'Efté, & à la fin de l'Hyuer, en coupant les branches en vieille Lune, & les plantant en la nouuelle dés les premiers iours, ainfi que nous dirons au Chapitre fuiuant.

CHAPITRE IV.

De transplanter les arbres.

Ovs auons parlé de la naissance des arbres, &
moyens de planter, maintenant nous dirons ce
qui nous semble de les transplanter, soit que pour
nostre plaisir & commodité nous en voulions mettre aux lieux où il n'y en a point, ou que pour la
commodité des arbres, nous les voulions changer de terre. Nous deuons sçauoir que l'arbre ne
peut estre arraché, qu'il ne soit en danger de mou-
rir, ou que pour le moins, il n'en acquiere vne grande maladie ; car en
l'arrachant vous luy ostez toutes les extremitez de ses racines, qui sont
foibles & tendres, auec lesquelles il souloit prendre nourriture ; voire
vous luy coupez la pluspart des grosses, qui l'affermissoient en terre
contre l'ébranlement des vents, & autres heurts, que les arbres craignent, estant cet affermissement & repos qu'ils prennent en terre, le
moyen & seureté de leur vie.

Ayant donc la plus part de ces racines coupées, il faut par necessité
luy couper les branches, le poids desquelles, & leur ébranlement ne
lairroient son pied ferme ny en repos. Mais il y a plus, dequoy les
nourriroit-il, puis que tous les moyens que nature luy donne pour se
nourrir, luy sont ostez : Car, comme i'ay dit cy-deuant, l'arbre n'a en
proportion moins de racines pour succer nourriture, qu'il a de bran-
chesà la distribuer, employant dés sa naissance, la moitié de sa puissance
à former ses racines, pour auoir dequoy nourrir sa tige & branches.
Si donc nous voulions suiure la Nature, qui est si sage, & si grande mai-
stresse, nous ne lairrions à l'arbre, en les transplantant, plus de tige, ny
de branches que seroient longues ses racines : Regardant le lieu d'où il
depart sa vertu en deux, moitié vers terre, & moitié à l'air. Or ce point
du milieu doit estre mis trois pouces profond en terre, selon que nature
a posé là son commencement : Que si vous le mettez plus profond, ne
s'aydant des vieilles racines, il en poussera de nouuelles de sa tige plus
proche de la surface de la terre, & lairra mourir les autres, qui luy
causeront vne autre maladie par leur pourriture. Il faut aussi regarder son aage, & selon iceluy se gouuerner, car depuis qu'il sera paruc-
nu à perfection, il n'est plus temps de le transplanter ; s'il est fort icune
il n'a pas tant de force pour supporter l'incommodité & maladie, que
s'il est auancé en aage. Si donc vous estes libre de le choisir, il le faut
prendre en croissance, fort & vigoureux, de belle venuë, bien appuyé
sur ses racines de tous costez, ne luy laissant, encores qu'il soit gros
de trois ou quatre pouces de diametre, plus de huict à neuf pieds de

tige : s'il a deux pouces de grosseur, six à sept pieds de haut suffiront, s'il
n'a qu'vn pouce de grosseur, trois pieds tout au plus, & s'il a moins, vous
deuez touliours diminuer sa hauteur, afin de ne luy donner plus à nourrir qu il n'auroit de force pour succer, dautant que nature n'ayme à
manquer a ses parties, & demande honneste abondance. Il importe
grandement de prendre l'arbre en lieu bien aëré pour le remettre en
grand air, & en terre plus aride, & plus dure, que celle où vous voulez
le mettre : laquelle doit estre apprestée long-temps deuant, vn an s'il
est possible, & plus, afin que la malice & intemperie qui est au second
lit de terre (dans lequel il faut creuser) soit rabillée par l'air, par les
pluyes, & long Soleil, voire les gelées & la neige y ayderont. Si vous
n'auez qu'vn arbre à planter, faites luy vne fosse large & profonde : si vous
en voulez planter plusieurs en mesme ligne, qui soient forts, quand bien
vous les mettrez à douze, quinze, au dix-huiɗ pieds loing l'vn de l'autre, il sera bon de faire vn fossé continué pour tous, qui soit large &
profond, selon la qualité des arbres & de la terre, estant necessaire de
faire la rigolle plus grande en mauuaise terre qu'en la bonne, & le plus
long-temps que le pourrez faire deuant que planter sera le meilleur,
la terre que tirerez du fossé sera amendée par la frequentation des autres elements, son fonds sera euaporé, & les racines des arbres trouueront à perpetuité cette terre reuirée plus facile à penetrer, cherchant
dedans leur nourriture. Faisant cette fosse, ou rigolle, faut separer la
terre qui en sera tirée, mettant celle de la surface d'vn costé, qui est la
meilleure, pour la mettre dessous & dessus les racines de l'arbre, & l'autre acheuera de remplir la fosse : La raison que nous auons de conseiller
à tous ceux qui veulent planter comme il faut, de faire des fosses ou ri-
golles, & non des trous, comme la plus part font, bien qu'il couste vn
peu dauantage, ce semble d'abord, est que les racines des arbres plantez dans des trous, s'ils ne sont fort grands, trouuent incontinent la terre dure & ferme, qu'elles n'ont la force de percer pour prendre leur
nourriture, ce qui les fait languir & auorter, & à la fin mourir : cela n'arriue à ceux qui sont plantez au milieu de la rigolle, par ce que trouuant
la terre mouuée de costé & d'autre, les racines la suiuent, & y prenant
leur nourriture à plaisir ils poussent vn beau iet, trouuant plus de terre
mouuée le long de la rigolle, que les racines n'en peuuent occuper de
long-temps, ce qui les empesche d'aller chercher les costez.

Il n'est pas bon de planter en toutes saisons, car celles de l'Esté & de
l'Hyuer ne sont pas propres, à cause du chaud & du froid excessifs : les premiers iours du Printemps, & les premiers iours de l'Automne sont les
meilleurs, pour la bonne temperature de l'air, qu'en ces temps, la nature
trauaille auec diligence, au Printemps pour pousser, & en l'Automne
pour se refaire & approuisionner. par vne seue qui se fait lors, & qui est
amortie par le froid qui suruient plustost en l'air qu'en terre. Les premiers
iours de l'Automne sont propres à transplanter, car les playes que vous

aurez fait à l'arbre, tant aux racines qu'aux branches, feront incontinent confolidées par cette fòue, & le temps doux qui y eſt commode. L'arbre qui ſe trouuera eſtropié de tous coſtez, iettera premierement des racines, (trouuant plus de temperature en terre, qu'en l'air) afin de ſe pouruoir de nourriture en faiſon, & s'affermir ſur ſon pied: l'Eſté & l'Hyuer, la nature eſt arreſtée par l'intemperie, & l'arbre demeurant long-temps fans rien faire, n'ayant aſſez de force contre les rigueurs de ces faiſons : Mais le Printemps fera encor plus propre au tranſplanter, dautant que l'arbre ayant demeuré l'Hyuer en ſa terre naturelle ſe fera approuifionné de nourriture pour ietter au Printemps, comme il fouloit, & ſi toſt qu'il ſera remis en terre commencera à bien faire. Mais auſſi il y aura danger des chaleurs & hale du Printemps, auſquels il faudra pouruoir par arroſement abondant, comme nous dirons. D'ailleurs l'eſtat de la Lune doit eſtre auſſi conſideré, car il n'eſt pas raiſonnable de leuer l'arbre hors de terre, luy couper les branches, & les racines, durant qu'il eſt plein d'humeur, ce qui ſe trouue au plein de la Lune, cette humeur & nourriture s'éuapore à l'air, par les playes qu'il a receuës, & par les racines, qui ont accouſtumé d'eſtre couuertes, & enuironnées de terre, & le grand air les éuente; meſmes quand vn vent de Midy, ou autre relaſchant, laiſſe les pores ouuerts, & amene des humiditez & pluyes : la nature ſe faſche de cette perte de ſubſtance, qui eſt ſon treſor, & vaut mieux la prendre en eſtant moins pouruuëe, & en appetit de s'en pouruoir, afin qu'incontinent elle trauaille à cela quand vous luy en aurez donné le temps & le loiſir.

Vous prendrez donc garde à la fin de l'Hyuer, & à la fin de l'Eſté, quand le grand chaud & le grand froid ſont paſſez, qui eſt enuiron la my-Septembre & Octobre, ou Feurier & Mars, ſelon les climats, auiſant l'eſtat de la Lune aux trois ou quatre iours de ſa vieilleſſe, ſouflant vn vent Septentrionnal qui rende l'air beau & net, & reſerre les pores: vous arracherez vos arbres le plus ſoigneuſement que pourrez, coupant pluſtoſt les racines auec la ſerpe tranchante, que de les meurtrir auec le hoyau, laiſſez les d'vn pied de long, plus ou moins, ſelon l'aage & groſſeur de l'arbre, tranſportez les tandis que la Lune renouuelle, & des ſon premier, ou prochain iour, les ayant bien emondez, & rafraichy le bout des racines, & coupé celles qui ſe trouueront rompuës ou froiſſées, plantez les bien droicts, & à plomb, au milieu de voſtre rigolle, mettant au fond d'icelle de la terre à ſuffiſance, afin que l'arbre ne ſe trouue enterré plus profond de deux pouces, qu'il n'auoit accouſtumé, ne gueres moins auſſi, remplissant tout le vuide en le ſecoüant, & prenant bien garde qu'il ne demeure de l'air entre les racines qui leur apporte vne moiſiſſeure qui les fait mourir, vous foulerez la terre deſſus les racines affermiſſant l'arbre, & le couurant bien, ne luy laiſſant plus de ſix pieds de tige hors de terre. Il ſe pourra faire, n'ayant que peu d'arbres à tranſmuer de places proches l'vne de l'autre, que vous épargnerez à l'arbre, racines & branches , faisant de cette façon, durant l'riyuer, & peu de iours deuant qu'il gele ferré, faites quatre tranchées autour du pied de l'arbre que voudrez tranfporter, qui s'aboutiffent l'vne à l'autre, & autant éloignées du pied, que iugerez s'étendre fes racines, qui fera peu moins que fes branches , enuironnez ce carré auec des foleaux, ou forts ais, enclauez l'vn dans l'autre, où ils fe rencontreront aux angles du carré ; puis quand la forte gelée fera venuë, & que la terre fe tiendra ferme comme vne pierre, cauez par deffous les racines de l'arbre, departant tout le carré d'auec le refte de la terre, puis auec cabeftans, & engins à leuer fardeaux, tirez voftre arbre hors de la tranchée, auec fa terre contenuë entre les ais, pofez-le fur des rouleaux, & le pouffez vers la foffe qu'aurez appreftée pour loger ce carré de terre, & auec le cabeftan, pofez le dans la foffe, en l'allignement qu'aurez proietté : oftez les ais & rempliffez le vuide, vous deuez croire que l'arbre ne fe reffentira pas du changement, fi vous le pofez au mefme afpect qu'il fouloit eftre.

Les arbres ont fort bonne grace eftans plantez à la ligne par diftances égales : ou quand s'accommodant à leurs formes particulieres, felon leurs efpeces, vous les entremeflez, variant les diftances, auec la qualité de chacun, pourueu que cela fe faffe par bon ordre, & auec raifon, obferuant bonne fymmetrie & correfpondance. Mais ie ne puis approuuer l'ordre quincunx preffé, ou par allées en tous fens, pour les arbres fruictiers, ores qu'ils foient tant vfitez, dautant que les arbres n'ayans l'air libre que par la fommité montent haut, laiffant le bas de leurs branches dégarnies, la fubftance a puis apres trop de chemin à faire, & l'air eft reclus foubs eux, qui s'enuironnans l'vn l'autre, s'empefchent auffi le Soleil, qui les regarde obliquement, empefchent principalement fes rayons d'échauffer la terre ; & la pluye ne l'arrofe en fa cheute fi excellente pour tel effet, car l'vn & l'autre font arreftez fur la fommité des arbres, où ils n'en ont tant de befoin qu'aux racines, ny que la terre, à qui on ne peut laiffer prendre trop fouuent le Soleil & la pluye, pourueu que l'vn n'excede la force de l'autre. Cette erreur commune fe prouuera, en ce que la terre qui eft foubs ces arbres, ne produit rien de ce que l'on y feme, qui vienne à perfection, & cela fait que le Iardinier dédaigne de la labourer, ce qui l'empire encores. On voit auffi que les arbres eftans venus grands, & occupans tout l'efpace, ne portent non plus de fruict que la terre. Au contraire, voyez les arbres plantez chacun à part en grand air, vous les trouuerez bien formez, bien fournis, & portans fruicts de tous coftez. Mefmes ceux qui font plantez en vne feule ligne, ou deux, éloignées, bien qu'affez prés les vns des autres, ont pour le moins d'vn ou de deux coftez, l'air libre, auffi s'étendent-ils de ce cofté-là, & y portent plus de fruict. Les grands efpaces de terre qui font laiffez entre les lignes feruent à porter les legumes, herbes potageres, ou autres chofes, eftans pour cet effect labourez, & ameliorez, cela feruira aufli pour la nourriture des arbres qui fçauront bien eftendre leurs racines du cofté qu'ils trouueront la terre mieux appreftée.

Nous mettrons aufli quelque difference en la profondeur que doit eftre l'arbre remis en terre felon la qualité d'icelle, car la terre legere & détachée fera plus facilement penetrée & deffeichée par les rayons du Soleil, que ne fera la terre graffe, & fi ce que nous appellons terre forte en cette terre legere nous poferons l'arbre vn peu plus profond, mais non plus d'vn pouce ou deux, car l'arbre prend fa nourriture proche de la furface de la terre, & y forme de nouuelles racines, s'il eft tranfplanté trop profond, comme nous auons dit. Pour euiter l'incon-uenient qui arriueroit par la feichereffe à noftre nouueau plant, il fera bon de couurir la terre autour du pied de l'arbre, auec paille, chaume, ou feugere, pour conferuer en icelle l'humidité, & empefcher la trop grande ardeur du Soleil, qui penetreroit facilement le peu d'époiffeur de terre qui couure les racines; cette legere couuerture n'empefchant point la pluye de penetrer, voire fi l'on eftoit contraint d'arrofer elle em-pefchera l'affaiffement qui fe fait à la cheute de l'eau verfée en abondan-ce, & oftera le befoin d'arrofer fouuent.

Or de ce que i'ay dit de tranfplanter des arbres en general doit eftre obferué generalement, en toutes fortes d'arbres, arbriffeaux, & foubs arbriffeaux, foit les plantant à part, ou en faifant bordures, hayes d'ap-puy, ou de defenfe, palliffades, efpalliers, cabinets, ou bouquets: car faifant ainfi vous auancerez le temps & la befogne, trauaillerez feure-ment, & ne vous tromperez point. Comme font ceux qui fans couper les branches, & fans regarder les faifons, ny l'eftat de la Lune, ny des vents, plantent les arbres tous entiers, difent-ils, fans confiderer qu'on leur a ofté les principaux membres, qu'on ne leur peut laiffer en les arra-chant, fans fçauoir aufli quand ils furent arrachez, ny quel terroir ils auoient accouftumé.

CHAPITRE V.

Des Entes.

L'INVENTION d'enter les arbres, & les aſſccier enſemble, a eſté heureuſement trouuéc par les Anciens; car outre l'augmentation de beauté & bonté, qu'elle apporte aux arbres & aux fruicts, la facilité qu'elle donne, de recouurer les eſpeces que nous n'auons point, eſt de commodité infinie : ainſi qu'ont bien apperceu ceux qui auec diligence ont depuis cherché tant de façons diuerſes d'enter que nous auons à preſent, pour en pouuoir vſer en diuerſes ſaiſons, ſelon la commodité de pouuoir recouurer les greffes, & ſelon la qualité de leurs arbres. Toutes leſquelles façons diuerſes dépendent d'vn ſeul ſecret, qui eſt de poſer les écorces des deux adioints, en telle ſorte que la ſéue montant aille de l'vn à l'autre.

Or comme i'ay dit, parlant des arbres en general, l'eſpece auec toutes les qualitez eſtant portée iuſques aux extremitez, aboutit en vn point dans les boutons, où elle eſt auſſi parfaitement contenuë, qu'elle eſt dans la ſemence, ou dans tout l'arbre : choſe non moins émerueillable. que de la puiſſance du germe qui eſt en la ſemence. De façon qu'il nous ſuffit d'auoir vn ſeul de ces petits boutons, pour tirer l'eſpece entiere d'vn arbre, lequel nous pouuons poſer ſur vn autre arbre, d'autre eſpece ou ſemblable, & le contraignant à pouſſer toute ſa force vegetante, par ce petit détroit eſtranger, il en emprunte la vertu, qu'il va multipliant en ſa croiſſance, auſſi abondamment qu'il euſt fait la ſienne propre ; voire beaucoup dauantage. Car les deux adioints venant à ſe conioindre par l'humeur glutineuſe de la ſéue, il ſe fait vn calus, qui ayant les poroſitez moins élargies, la ſubſtance ſe rarefie en paſſant, & montent les eſprits plus ſubtils, qui faiſant le iet nouueau y portent moins du terreſtre. Ainſi voyons nous qu'vn arbre enté, quand meſmes ce ſeroit de ſes propres branches, aura le bois, l'écorce, les feüilles, & le fruict plus poreux & acre qu'il n'auoit parauant. Et cette conſideration n'eſt pas petite au fait des entes, car meſmes les arbres qui ne portent point de fruict, eſtans entez en deuiendront plus beaux, & pouſſeront auec plus de diligence, la dureté du terreſtre eſtant diminuée. Dauantage par l'enture, non ſeulement le mélange des eſpeces ſe fait, d'où il prouient des nouueautez plaiſantes, & gratieuſes, & des ameliorations exquiſes ; mais auſſi il ſe fait des choſes monſtreuſes contre nature, bien qu'elle meſme les faſſe : n'eſt-ce pas choſe eſtrange, que deux boutons ſoient poſez l'vn ſur l'autre en entant en écuſſon, ils prendront tous deux ſi le deſſus eſt plus long & large que le deſſous, & pouſſeront vne meſme

branche,

branche, dont le fruict qui en prouiendra fera double, reueftu l'vn dans
l'autre, plufieurs autres chofes gentilles fe feront en entant, dont nous
parlerons à temps.

CHAPITRE VI.

Des diuerfes façons d'enter , & des obferuations qu'il y conuient faire.

O N ente l'arbre en fente, quand luy coupant nette- En fente.
ment le corps s'il eft ieune, ou s'il eft arbre fait, les
branches, vous fendez le tronc, & pofez en la fente
de l'vn, ou des deux coftez, vne branche de l'autre arbre que voulez affier, qui eft le greffe, coupé
en coin felon la forme de la fente, de laquelle, pour
ne la faire trop grande, vous oftez vn peu de bois;
à proportion du greffe, qui par ce moyen en demeure plus fort, pofant les feues vis à vis l'vne de
l'autre, & fe touchant, vous bouchez auec terre graffe, ou auec poix
refine fonduë auec peu d'autre poix, graiffe, & cire, toute l'adionction
en forme de poupée : empefchant que l'air & la pluye n'y entrent. Le
greffe doit eftre pris de la fommité de l'arbre du cofté d'Orient, du plus
vigoureux bois, coupé en vieille Lune : Il fera enté en nouuelle Lune,
foufflant vn vent Septentrionnal, qui rende l'air beau & net; la meilleure faifon eft au Printemps au renouueau de Lune, plus prochain de la
feue, & deuant qu'elle monte; les raifons de cecy, font celles que i'ay
données au tranfplanter, parlant de la Lune, & du vent : car par ce
moyen, le greffe vuide de fubftance s'éuente moins, & eft plus apte à le
receuoir, quand bien toft elle viendra, voire ayant efté gardé le greffe d'v-
ne Lune à l'autre, il en prendra mieux eftant en plus grand appetit. Les
greffes font pris ordinairement du dernier iet accompagné du precedét:
mais quand ce fera pour mettre fur des forts arbres, ils fe peuuent prendre
de branches plus vieilles & groffes : & bien que ce foit contre la couftu-
me, faites le ainfi auec beaucoup de raifon, & fur l'experiéce que i'en
ay faite : car comme i'ay dit du tranfplanter des arbres, les forts refiftent
mieux au mal, que les foibles : outre que la fubftance en tel greffe eft
plus digefte, & plus appreftée à porter fruict. Refte d'auifer qu'il y ait des
boutons, qui ont accouftumé de s'effacer au vieux bois, mais fans iceux
nature en formeroit pour fortir. Les greffes cueillis en vieille Lune, deuant la faifon d'enter, la coupe eftant mife en terre graffe, de crainte
qu'ils ne s'éuentent, peuuent eftre gardez deux ou trois mois, s'il eft befoin, pour les recouurer des Contrées loingtaines.

Toutes fortes d'arbres fupportent cette façon d'enter, qui eft la meilleure, & entre autres ceux des fruicts à pepin en viennent beaux, & de
ceux à noyau, le Prunier & le Cerifier ; entre lefquels nous ferons diffe-

G

rence, entant ceux-cy haut, & les autres bas, quand ils font ieunes arbres. Le fauuageon du fruict à pepin a le bois dur, noüeux, efpineux, de
mauuaife venuë, l'efcorce rude, le fuc afpre, & de mauuais gouft : le
franc au contraire a l'efcorce vnie, le bois enflé, & de belle venuë, & de
bon fuc, qui fera que nous enterons ces arbres prés de terre, pour leur
laiffer peu de bois & de fubftance fauuage, & afin que le franc prenant dés
le pied, faffe vne belle tige. Le fauuage Prunier, & Cerifier au contraire
a le bois droict, de belle venuë, l'efcorce vnie, & le fuc doucereux : le
franc a le bois trop acre & foible, & l'efcorce rude, qui fera que pour
auoir les arbres beaux, nous les enterons haut autant que portera la qualité de l'arbre.

Vne autre façon d'enter, approche de cette-cy, quand au lieu de fendre le tronc, vous pofez les greffes couppez en coin, entre le bois & l'ef-
En cou-
rorne. corce en forme de couronne, & cette-cy eft pour les gros arbres
malaifez à fendre, vne tres bonne façon de proceder : car tout ainfi que
de l'autre, la reprife fe fait fous la poupée, ne fe faifant des deux adioints
qu'vn mefme corps.

Vne autre eft dite en approche, qui eft quand de deux arbres proches
En appro-
che. l'vn de l'autre, vous prenez la branche de celuy que voulez affûr. & la
paffant par dedans l'autre, fans la coupper, vous incifez l'efcorce afin de
ioindre les deux feues.

Fn oreille
de lieure. Vne autre eft dite en oreille de lieure, quand les deux adioints d'vne
mefme groffeur font coupez biaifant, comme le ferrement d vn Menui-
fier, nommé bec d'afne, & appropriez l'vn auec l'autre, que les feues fe
ioignent partout, vous les liez auec chanure ou laine, & couurez auec
terre graffe au mefme temps & faifon que les autres façons fufdites.

D'autres façons d'enter font faites l'Efté, bonnes & bien vfitées, la plus
facile & vtile eft de bouton, quand le leuant du iet nouueau, en forme
En efcuf-
fon. d'efcuffon, vous l'appliquez entre le bois & l'efcorce de l'arbre que vous
entez, foit en vieux ou ieune bois, liant auec chanure l'efcorce fenduë
par deffus l'efcuffon, laiffant le bouton libre. ayant pris garde de le leuer
fi bien, que le bouton & fon germe foient entiers : voire leuant vn peu
de bois auec l'efcuffon, il en vaut mieux. Cette façon d'enter eft commode & admirable, comme i'ay dit, pouuant vous en feruir en toutes
efpeces d'arbres, arbriffeaux, & foubs arbriffeaux, depuis qu'ils ont vn
an iufques en leur vieilleffe : eftant ieune vous pofez l'efcuffon fur le
corps, & eftant vieux vous luy coupez les branches, & ayant ietté au
Printemps, vous pofez les efcuffons fur le jet nouueau, luy oftant les
fommitez & le fuperflu, & tous les boutons. Tel procedé fert, non
feulement à changer l'efpece, mais quand vn arbre ne portera fruict, ou
aura les branches rabougries, vous aurez plaifir en cette pratique : car
l'arbre portera fruict dés l'année fuiuante, fi dés le mois de Iuin vous
l'entez : & de cette façon pourrez mettre fur vn arbre tres grand nombre d'efcuffons qui feront employez à propos aux Abricotiers, & Pef-

chers, foit que les entiez l'vn fur l'autre, ou fur Pruniers, ou Amandiers.

On ente auffi de cette façon vers la fin de l'Efté, durant la féue, fans ^{En œil dormant.} rien couper de l'arbre iufques au Printemps prochain, voyant l'efcuffon pris: & lors luy oftant tout autre moyen de pouffer, il fait durant tout l'Efté vn grand iet, qui a plus de force pour refifter au froid de l'Hyuer fuiuant, que n'euft eu celuy qui auroit efté enté au mois de Iuin, qui n'euft peu pouffer qu'vn bien petit iet auant l'Hyuer.

Vne autre façon eft en fluteau, quand ayant les deux adioints du iet ^{En fluteau.} nouueau, de pareille groffeur, vous leuez le bouton auec le rond de l'efcorce, & appliquez fur l'autre, defpoüillé le faifant entrer par le bout, iufques à ce qu'ayez atteint la mefme groffeur.

Cette façon eft vtile aux Chaftaigners, gros arbres, leur coupant les branches pour auoir nouueau iet, & neantmoins vallent mieux entez en fente, fur le corps quand ils font ieunes, ou eftant vieux, fur les branches, de iet de trois ou quatre années, ainfi que tous autres arbres. Vne autre façon d'enter en bouton eft excellente, emportant la piece de l'efcorce du tronc de la mefme grandeur de celle où eft le bouton que voulez enter, laquelle vous pofez iuftement fur le tronc en la place de l'autre, liant auec chanure ou laine. L'outil propre à cette façon d'enter doit auoir deux tranchans, vn qui porte la hauteur, & l'autre la largeur, afin de faire les pieces égales plus facilement.

CHAPITRE VII.

Du moyen de conferuer, augmenter, & changer les qualitez aux efpeces.

Ovs auons defiré qu'en femant les pepins, & noyaux, on en faffe diftinction, felon leurs qualitez, afin que l'arbre eftant venu, on l'employe à ce à quoy il fera propre, ou qu'on employe en luy quand on l'entera, des greffes qui conuiennent à fa nature: ou fi l'on le veut changer, l'on y entremefle des contraires ou differens. Par ce moyen vous ^{Par les entes.} aurez des pommes plus douces, fi les deux agents, à fçauoir le tronc, & le greffe font doux: vous les aurez plus blanches, ou plus rouges, fi les deux font blancs ou rouges; plus groffes, fi les deux fouloient produire le fruict gros; & ainfi des autres qualitez, & des autres efpeces. L'efpece mefme fe maintiendra bien mieux fur la mefme efpece, que fi vous l'entez fur vne autre differente. Comme auffi quand vous voudrez changer les faueurs, les couleurs, ou autres qualitez, auancer, ou retarder la production des fruicts, il faudra employer des fujets conuenables à voftre intention. Tenant pour certain, puis que c'eft le tronc qui recueille la fubftance dont l'arbre eft nourry, & dont eft faite

la production, qu'il la prepare à sa nature, tant qu'elle demeure en luy,
& qu'elle en participe encores quand elle a passé au greffe, ayant esté en
partie digerée par le premier, & parfaite au second. Ainsi les deux
agents estans diuers, diuersifieront le fruict, auquel tous deux contribueront : & pour cette raison nous auons dit que les arbres à pepin doiuent estre entez bas prés de terre, pour y laisser tant moins de sauua-
geon, qui rend la substance qu'il succe amere & aspre selon sa nature, &
au contraire des fruicts à noyau.

Donc quand vous voudrez mesler les qualitez d'vn fruict à l'autre,
prenez le greffe de l'espece que voulez conseruer, & plus vous voudrez qu'il participe des qualitez qui sont en l'autre, laissez le tronc dautant plus long, entant au haut de la tige, ou dans les branches, afin que la
substance montant par vn plus long canal, retienne dauantage de la
nature d'iceluy. Ainsi seront renduës laxatiues les Prunes & les Cerises,
qui seront entées sur le Nerprun, dautant que le tronc ayant cette faculté purgeante la contribuera à son adioint. Ainsi se feront rouges
les fruicts qui seront entez sur le Meurier, & ainsi d'autres qui auront
d'autres facultez ; Et c'est la raison pour laquelle on ente les Poires de
bon Chrestien sur le Coignié, qui les rend de plus belle forme & couleur,
& qu'on ente dessus toutes sortes de fruicts qu'on plante aux espalliers ;
par ce que ne venant pas fort grand arbre, il ne pousse de son naturel
guere de bois, bien qu'il aye force cheuelures és petites racines, auec
lesquelles il attire quantité de substance qu'il employe à faire son fruict
gros & beau, & communique cette vertu aux especes qu'on met
dessus, qui produisent d'ordinaire le fruict plus gros, & moins de bois
que ceux qu'on ente sur les sauuageaux de mesme espece, sur lesquels
pourtant ils durent plus long-temps, & produisent leur fruict de meil-

Par la ter-
re naturel-
lelle. leur goust. Dauantage nous disons que la terre de laquelle l'arbre tire sa nourriture, ayant naturellement des conuenances aux qualitez
que vous desirez aux fruicts, ou si elle les a contraires elle les contribuera : celle qui est ferme & pierreuse, affermira les fruicts ; celle qui
est douce, legere & sans pierre, les affermira moins, & ainsi des autres :
& si la nature du fruict, & celle de la terre où il est nourry conuiennent,
l'vne augmentera l'autre : si elles sont contraires, le fruict s'en resentira.
Par la ter-
re artifi-
cielle. Il y a plus, car à la terre nous pouuons encor contribuer d'autres qualitez de saueurs, odeurs, & couleurs, la meslant de fiens diuers, ou de
cendres, dont nous auons parlé, qui estans pleins des principes de la generation des corps desquels ils sont prouenus, ils contribueront à la terre,
& à la nouuelle production qu'elle fera, les qualitez premieres qu'ils ont
fourny & retenu desdits corps premiers : desquels fiens, la vertu produisante de la terre sera non seulement augmentée, mais aussi changée,
si ces nouuelles aydes & qualitez que nous luy fournissons, sont plus
puissantes que celles qu'elle auoit auparauant. Comme par exemple vn
Prunier de damas violet souloit porter son fruict doux & mielleux,

ainſi que font ordinairement telles ſortes de Pruniers, mais par le moyen
d'vne vieille ſaumure, qui fut verſée inconſiderément au lieu où il eſtoit
planté, il porta depuis ſon fruiã ſi ſalé, qu'il eſtoit impoſſible d'en manger. Si les ſirops, & faiſſes de ſuccre, ou de miel, ſont auſſi employez en
terre, elle fournira le gouſt ſauoureux aux fruiãs qu'elle produira, &
ainſi des autres ſaueurs. De meſme s'augmenteront, ou changeront les
couleurs, & les odeurs, ſi les ſiens que nous employerons ſont puiſſans
en telles qualitez, ainſi qu'il s'en trouue. Le marc de vin rouge hauſſe
la couleur des œüillets, & autres fleurs; il le fait de meſme aux fruiãs,
ſpecialement aux Oranges, & leur augmente encor le ſuc, rend l'écorce
plus deliée, retenant ces qualitez des raiſins noirs, qui les ont: d'autres
feront de meſme à d'autres ſelon leur force teignante, ou autres qualitez.
Tant d'arbriſſeaux, & plantes odorantes, abondantes en ſel, ne contri-
bueront-elles pas leurs vertus auec luy, puis qu'enſemble ils ſont infus;
voire le bois eſtant bruſlé, ce ſel qui reſte és cendres eſt encor participant des vertus qui eſtoient en l'arbre: comme ce grand Caton (ſans en
dire la raiſon) a enſeigné que les cendres des ſermens miſes aux racines
de la vigne, augmentoient grandement ſa force & ſa bonté.

Par l'eau L'eau auſſi dont la terre ſera arroſée, ſi elle a des qualitez conuenantes, ou contraires à ce que nous deſirons, les fera paroiſtre, o ſi nous en
infuſons en elle, qui eſt vn moyen bien facile pour l'odeur, couleur, &
ſaueur, outre la grande nourriture & force produiſante, que cet arroſement donnera, ſi dans l'eau ſont infus des ſiens propres aux plantes qui
en feront arroſées. Breſil n'y a point de doute, que tout ce qui eſt nourry,
ne participe aux qualitez de la nourriture qu'il prend, ainſi que nous l'apperceuons aux animaux, comme Lapins & Griues, qui nourris de genéure, ſentent le genéure, & les Perdrix qui au Printemps paiſſants l'ail
ſauuage en retiennent le gouſt, & tant d'autres.

Par le So- Le Soleil auſſi fera paroiſtre ſa vertu, ayant puiſſance infinie, non ſeu-
leil. lement à la produãion & maturité des fruiãs, & en tout autre effet de
la nature, mais ſpecialement en ces changemens, dont nous parlons:
Car ces trois eſprits ſubtils & excellents, l'odeur, la couleur, & la ſaueur, conſiſtants en la chaleur naturelle, ſont augmentez par luy ſelon
qu'il leur depart ſa puiſſance par ſes rayons: & cecy voyons nous, quand
les fruiãs qui ſont produits à l'ombre, different de ceux qui ſont veus
du Soleil, voire en vn meſme arbre, & les plantes qui ſont couuertes,
à fauté d'eſtre expoſées au ſoleil & à l'air, blanchiſſent, changeant & diminuant leurs couleurs, & leurs ſaueurs.

Par ſoin Il ſe trouuera aux arbres quelquesfois des defauts, qu'il y aura moyen
& artifi- de reparer, comme quand l'arbre prenant plaiſir à croiſtre, s'y ſera telle-
ce. ment accouſtumé, qu'il oubliera de fleurir & porter fruiã, luy coupant
les boutons deſtinez à la croiſſance, qui ſont ceux des bouts; il faudra
qu'il pouſſe par les autres premiers deſtinez pour les fleurs, & fruiãs,
que nous auons remarquez, parlant des arbres en general, & lors il por-

G iij

tera fruict s'il en est capable ; car il se trouue des arbres steriles comme
des animaux ; il y en a aussi qui florissent abondamment, & ne portent
point de fruict, bien que d'autres arbres de mesme espece en portent
en mesme contrée, qui est vn tesmoignage que cela ne vient du defaut
de l'air, lequel souuent gaste les fleurs : mais c'est qu'ayant besoin de
grande substance, pour la production du fruict qui soit pleine d'esprits
conuenants à iceux, la terre en estant dépourueuë faute de culture &
amelioration, l'arbre ne trouuant que du terrestre, qui n'est propre qu'à
la nourriture de son corps, il le rend plus fort & solide par ce moyen, que
s'il estoit nourry de meilleure substance, bien temperée des vertus &
puissances des autres Elements, lesquels aussi fourniroient matiere propre à la production du fruict, si la terre estoit mise en estat de les receuoir.

A cecy il faut vn grand labourage, & augmentation de bonne substance, & oster les empeschements à l'air & au soleil, afin qu'auec la pluye
ils contribuent leurs vertus à cette terre, qui autrement ne peut produire que selon sa force ; ainsi que nous auons dit traictant des terres en
general.

Or si l'arbre s'estant trop endurcy, par vne longue & mauuaise nourriture, ne vouloit porter fruict, (ou en portant, le faisoit trop aspre, rude
& pierreux,) auoit besoin de plus puissante ayde, il seroit besoin luy
couper la teste l'ébranchant, & faire à l'enuiron de son pied (sans toute
fois l'ébranler) vne tranchée large & profonde, coupant aussi ses racines, laquelle tranchée, ou fossé, il faudra remplir de la meilleure terre
pleine de substance qui conuienne à la nature du fruict qu'il doit porter,
comme les cendres des serments, & marc de vendange bien pourry à
la vigne, & autres fruictiers desquels le fruict est abondant en suc, le tan
de noix aux Noyers, les pommes pourries, & le marc de citre, aux
Pommiers, & ainsi des autres fiens & cendres, dans lesquels restent les
principes de generation des corps, dont ils sont faits.

Par ce moyen l'arbre portera beaucoup de fruict, & meilleur, les pierres en seront ostées aux Poires & Coings, & aux autres fruicts, & ce
qu'il y auroit de trop terrestre corrigé ; voire coupant la teste à vn arbre
bien fructueux, & l'empeschant par ce moyen de porter fruict quelques
années, pendant lesquelles il recueillera beaucoup d'esprits, estant
nourry abondamment de bonne substance propre à sa nature, quand
puis apres il en produira, il se fera gros, mieux nourry, plus plein d'esprits,
& auec moins de terrestre. Et par telle industrie, comme par la raison
que nous auons donnée des entes, s'ostent ainsi que deuant est dit les pierres aux Poires & Coins, se diminuent les noyaux & pepins aux fruicts,
la peau s'en fait plus deliée & douce, la queuë plus courte : les fleurs des
arbres & arbrisseaux, qui ne portent point de fruict, se multiplient &
deuiennent doubles. Bref la nature enuieuse de bien faire, s'efforce au
bien autant qu'elle en a de pouuoir. Il se trouuera encore vne inuention gentille d'augmenter la force & vertu aux arbres, en leur donnant

deux racines pour vne tige, si deux arbres sont nais, ou transplantez
prés l'vn de l'autre, estans ieunes vous couperez en biaisant leurs tiges,
vis à vis l'vne de l'autre, & les ioindrez ensemble, en les liant auec chanure ou laine, & laisserez à costé de la conionction vn bouton libre, pour
pousser, dans celuy des deux duquel voulez conseruer l'espece, laquelle
sera par ce moyen augmentée par l'autre ; voire les fruicts en deuiendront doubles, si les deux sont de mesme espece. Deux greffes de fruicts
diuers, entez sur vn mesme tronc, & reioints ensemble, pour ne faire
qu'vn iet, feront vn meslange de la nature des deux. Si ioignans les
serments de vigne, ou d'autres arbres qui viennent de bille, ou marcottes, vous les mettez en terre, & les contraignez de pousser par vn
seul iet ; il n'y a doute que les fruicts qui en prouiendront, participeront
de la nature de ceux, dont estoient lesdites branches, ou serments, &
de là se font les raisins, & autres fruicts, de deux couleurs, & de là se
fait encore que ces arbres produisent abondance de fruicts, chacun voulant contribuer le sien.

    Ainsi des pepins, graines, & noyaux, semez ensemble & pressez,
le germe de plusieurs s'assemble, & fait vn seul iet, ou bien vous les contraignez à cela, quand ils viennent à pousser separément, coupant leurs
iets, & les assemblant de nouueau : Par tel moyen se fait aussi la multi-
plicité de feüilles dans les fleurs, & la multiplication des fleurs en vne :
comme aussi se font les varietez des couleurs aux fleurs, dont nous parlerons plus amplement traictant leur sujet.

    Il y a plus, car si vous prenez deux serments de deux seps diuers, quand
ils sont prochains, & que vous en fendez les boutons par moitié, & que
vous les ioignez ensemble, tous deux ne font qu'vn iet, qui portant
fruict, le fait de deux couleurs differentes de la nature de leurs souches ;
voire en entant en écusson, si vous ioignez deux moitiez de boutons,
& n'en faites qu'vn, il ne laissera de prendre & pousser vn seul iet, lequel
fait vn mesme effect, portant du fruict de deux couleurs, ou de deux
gousts diuers ; c'est comme nous auons dit parlant des entes, que mettant deux boutons l'vn sur l'autre, les fruicts viennent enuelopez l'vn
dans l'autre : mais en faisant telles conionctions, il est besoin d'auoir
égard que les sujets y soient propres, & que la nature des adioints conuienne en la production du fruict en mesme saison, afin qu'ensemble ils
trauaillent, & ne s'empeschent l'vn l'autre.

    Or si nous considerons ces choses, & que nous les employons à pro-
pos auec soin & diligence, nous aurons plaisir de voir la nature mesme
nous obeïr, suiure le chemin que nous luy preparons, & nous donner ce
que nous desirons d'elle, quand le temps en sera venu.

CHAPITRE VIII.

Des maladies & inconueniens qui arriuent aux arbres.

NTRE les maladies qui arriuent aux arbres, celles qui prouiennent du fond de la terre sont les plus dangereuses, comme les plus difficiles à guerir: Pour ce sur toutes choses, & auant toutes choses, il faut se pouruoir d'vn terroir qui n'aye le fond vicieux, & auquel les arbres prennent plaisir : car les defauts qui se trouueront en la surface pourront estre amendez, mais ceux du fonds ne le peuuent estre entierement. Les plus ordinaires inconueniens du fonds, viennent du tuf, de l'argile, ou de l'eau trop proche de la surface de la terre, qui ont les vices que nous auons dit: les deux premiers peuuent estre aucunement amandez, cauant vn fossé large & profond, suiuant la ligne où vous voulez planter vos arbres, la laissant longuement ouuerte, afin que la mauuaise substance s'exhale, & le fond s'amende par les pluyes, gelées, & chaleurs des saisons: La terre qui en sera tirée sera aussi amendée par les mesmes aydes: & le re nuement qu'elle aura receu la rendra plus penetrable aux racines, ainsi que nous auons dit au transplanter : vous pourrez encor l'amender y meslant de meilleure terre, ou fiens bien pourry : par ce moyen l'arbre s'accommodera à cette terre, & ne trouuera celle qui n'auoit esté remuée si contraire quand les racines l'auront atteinte, si elle n'estoit du tout de trop mauuaise substance. Auquel cas il faudroit plantant les arbres, poser la racine sur la surface de la terre, & laissant douze ou quinze pieds de chacun costé de l'allignement, prendre le reste de la surface entre deux, & en couurir la racine, & tout cet espace qu'aurez proietté pour leur estenduë à l'aduenir. Quand l'eau se trouuera trop proche, cette façon de proceder y conuiendra aussi, car par ce moyen vous rehausserez la terre, & les racines se trouueront d'époisseur suffisante pour leur fournir nourriture, & s'étendront plustost en elle, que d'approfondir vn mauuais fonds. Et bien que vostre champ se trouue inégal, il ne restera d'auoir grace & bien sceance, si les lignes estans tirées droites, vous mettez des bordures ou hayes d'appuy, qui cacheront la difformité, quand la necessité des lieux vous contraindra.

Quand vn arbre venu en mauuais fond, monstrera par ses branches & mauuais iet, ou par la mousse & roingne de l'écorce, que la bonne substance luy defaut, si c'est vn arbre excellent que vous vueillez conseruer, vous couperez ses branches, & ferez vn fossé à l'enuiron de son pied, aussi large & profond que s'estendront ses racines, qui est peu moins que ses branches, sans toutesfois ébranler son pied: encor que coupiez

ces

ces racines, & au lieu de la terre qu'en tirerez remplirez le lieu d'vne amelioration qui conuienne à la nature du fruict qu'il doit porter. Le sang des animaux, & les ergots de moutons & brebis sont excellens, & tres-propres à cela. Ce remede amende, non seulement l'arbre, mais aussi le fruict, ainsi que nous auons dit cy-deuant. Les maladies qui viennent aux arbres par la trop grande chaleur & secheresse, doiuent estre amédées par arrosements abondans, abreuuans toute la terre iusques aux extremitez des racines, deuant que l'alteration soit trop grande, ainsi qu'il sera dit au Chapitre des arrosements. Celles qui sont causées de l'air, & des vents, doiuent estre preueuës de longue main, mettant des contregardes du costé que viennent les plus dangereux, & à peine peut-on éuiter l'inconuenient, qu'eux & les mauuaises exhalaisons, broüées, gresles & pluyes chaudes, apportent aux arbres & fruicts. quelques reserrez & enfermez qu'ils soient entre des murailles, bois, ou hayes, car ne pouuant viure sans air, il faut souffrir les inconuenients qu'il apporte, specialement quand ils viennent inopinément. La vapeur du fien chaud, estant du costé du vent, dissipe partie du mal, & apporte grande temperie à l'air reserré soubs les couuerts, esquels on retire les arbres en Hyuer.

Quand donc pour tels inconueniens, ou autres, l'arbre deuiendra malade, le moins de branches qu'on luy peut laisser est le meilleur, afin qu'il aye moins d'affaire, & que l'humeur qu'il succera estant abondant, guerisse à tout le moins le corps: dauantage quand l'arbre est malade, il ne peut trauailler si actiuement que de coustume, soit en succant, ou portant la nourriture iusques aux extremitez, de sorte que les branches patissent, le bois s'endurcist, l'écorce s'altere, & quand bien la maladie gueriroit, les parties interessées, & qui ont pâty, s'en sentent tousiours, ou longuement. Le meilleur expedient donc sera d'oster les branches, à tout le moins celles qui auront souffert, le corps de l'arbre s'en fortifiera, iettera du bois sain, & plus vigoureux: voire l'arbre n'ayant autre maladie que la vieillesse, qui a rabougry ses menues branches, à faute que la substance ne peut plus faire vn si long chemin, & monter iusques aux extremitez, l'arbre se renouuellera de force, & la substance n'ayant tant de chemin à faire, fera les branches belles & gaillardes, si vous coupez les vieilles. Mais sur tout fournissez nourriture à l'arbre par le labourage, & augmentation de substance que vous donnerez à la terre, non seulement prés son pied, mais aussi bien loin, & plus que ne s'étendent ses racines, car c'est des extremitez d'icelles qu'il tire nourriture.

Diuers animaux causent de grandes maladies aux arbres, mangeant leur nouueau iet, & leurs tendres feüilles, & infectant par leur frequentation, le vieux bois & l'écorce: entre lesquels sont les chenilles tresfascheuses, qui engendrées de l'infection de l'air, ou de la graine que ces meschans animaux (s'estans changez en papillons) laissent d'année à l'autre, croissent en si grande multitude, qu'ils deuorent la beauté de tou-

H

te vne Prouince, & ne laiſſent rien de verd aux arbres qu'ils ayment ; de
ſorte qu'il s'en trouue quelquefois qui meurent de cette infection.

Le Iardinier ſera donc ſoigneux de rechercher curieuſement cette
dangereuſe graine, afin qu'il n'en demeure, ny en ſon Iardin, ny és enuirons, coupant les hayes où il y en aura quantité, & les branches des arbres où elles ſeroient attachées deuant qu'elles ſoient preſtes d'éclorre, &
les faut bruſler entierement. Quand à celles qui ſont engendrées par l'infection de l'air, il faut apporter toute diligence de les tuer, les prenant
quand elles ſont amoncelées le ſoir & le matin, & vſer des choſes qui
leur ſont contraires. Le ſegle verd les chaſſe quand l'arbre en eſt lié : ainſi
fait le ſureau, & l'hieble, les épanchant parmy les branches des arbres ;
ſi vous arroſez les branches & feüilles des arbres auec eau, en laquelle
ſoit infus du ſalpeſtre, vous ferez mourir les chenilles, & tel arroſement
ſe fait facilement auec ſeringue, ou pompe portatiue, dans vn ſeau ou
cuuier, ou auec la pelle concaue : l'eau dans laquelle aura trempé de la
Ruë concaſſée, & ſon iuſt y eſt auſſi propre.

Les Hanetons ſont des vers qui s'engendrent en terre, de laquelle ils ne
ſortent que la troiſieſme année, ayant pris cette forme de barbos vo-
lans, que nous voyons en ſi grand nombre au Printemps, en leur année ;
ils mangent les nouuelles feüilles & tendre iet, ſi le ſoigneux Iardinier
ſecoüant les arbres, & les faiſant tomber à terre ne les tuë, attendant que
la premiere forte pluye luy faſſe raiſon de cette vermine, qui ne la peut
endurer ſans mourir. Les Cantarides n'incommodent pas moins les arbres, rongeant le nouueau iet, & de plus donnant vne puanteur faſcheuſe, & infection corroſiue : elles ayment ſur tous arbres le Freſne &
le Troiſne, qui ordinairement s'en trouuent incommodez, ſi auec diligence on ne les tuë, comme les Hanetons. Les roſiers plantez parmy les
hayes empeſchent cette vermine de s'y loger. Mais l'eau boüillie auec la
Sauge, ou la Ruë les tuë, ſi vous en arroſez les arbres & palliſſades. Les
fourmis ne mangent auec ſi grand degaſt, mais leur frequentation nuit
grandement aux arbres, & les infecte, engendrant vn excrément ſur le
nouueau iet, qui l'offuſque & gaſte : le ſon de ſcieure de bois, épandu au
pied de l'arbre où ils frequentent, les empeſchent d'approcher quand ils
le ſentent mouuoir ſous eux : comme auſſi vne forte ligne tirée auec du
charbon de bois tendre les empeſche de grauir à mont, dautant qu'ils
n'ont la priſe aſſeurée ſur icelle : mais vn vaiſſeau fait de cire autour du
corps de l'arbre eſtant remply d'eau, les empeſche de monter, comme
fait auſſi vn cercle de glu fait à l'entour de la tige de l'arbre.

Le ver qui s'engendre entre l'écorce & le bois de l'arbre, & le perce,
ſuççant la ſéue, eſt dangereux, les Poiriers de bon Chreſtien en ſont ſur
tous autres endommagez, & c'eſt pourquoy on a nommé ce ver Turc,
parce qu'il eſt leur ennemy : il doit eſtre recognu par l'excrément qu'il
rend, qui tombe au pied de l'arbre, de couleur tannée, reſſemblant la
ſcieure de bois, il faut chercher ſoigneuſement ſon trou qui eſt petit,

découurant la furface de l'écorce, & tirant ce ver qui tueroit l'arbre, empefchant la voye de la nourriture. Contre l'aduis & commun de plufieurs Anciens & Modernes, qui tiennent & difent la fubftance & nourriture de l'arbre monter par la moüelle; que fi cela eftoit, l'arbre ne mourroit pas par le ver qui n'entre pas dans le bois demeurant entre le bois & l'écorce; où il fucce la fubftance. Nous voyons des arbres; les Saules entre autres, perdre leur moüelle, & ne laiffer pas de viure, & faire non moindre production que s'il l'auoit, d'où appert que la féue monte entre le bois & l'écorce; que fi ce qu'on appelle moüelle aux arbres deuoit porter le nom de quelqu'vne des parties du corps animal, celuy de poulmon luy conuiendroit mieux, attendu qu'eftant formée d'vne matiere poreufe & acrée, elle afpire au dedans la fubftance de laquelle le corps eft nourry, & augmente d'année en année, fe formant entre le bois & l'écorce vn nouueau bois plus tendre, que nous appellons aubour, qui n'a encore atteint la dureté & folidité du precedent; de maniere que nous trouuons l'interieur, que nous difons le cœur de l'arbre, le plus ferme & folide, s'il n'a par maladie, ou autre inconuenient, efté pourry, ou gafté, qui eft fouuent par où arriue la perte & ruine de l'arbre. Les arraignées auec leurs toilles, infectent & empefchent le nouueau iet, quand vne forte pluye qui les diffipe tarde à venir; c'eft pourquoy il faut auoir foin de les ofter des arbres que voudrez conferuer.

CHAPITRE IX.

De tailler, tondre, & ébrancher les arbres.

PLVSIEVRS arbres & arbriffeaux ont befoin d'eftre taillez, leur racourciffant les branches, & ne leur laiffant que peu de nœuds, par lefquels ils iettent plus vigoureufement qu'ils ne feroient les laiffans entiers: quelques arbres fruictiers ont befoin de cette façon, fpecialement ceux qui portent leur fruict dans le iet nouueau, comme la vigne; leur fruict s'en fait plus beau, mieux nourry, ayant moins de terreftre, à caufe que la fubftance & nourriture que l'arbre prend, eft moins de temps nourrie, & digerée auec la dureté du bois, n'ayant fi long chemin à faire, & n'ayant tant de branches à nourrir, en fait la production nouuelle plus fournie. Il y en a auffi que pour noftre plaifir nous voulons tondre, & faire prendre autre forme que la naturelle; d'autres eftans malades ont befoin d'eftre foulagez, leur oftans toutes, ou partie des branches, afin qu'ayans moins à nourrir, ils employent la fubftance qu'ils fucceront, & fe remettre en vigueur, car c'eft leur baume: voire d'autres n'ayant autre maladie que

H ij

la vieilleſſe, ou bien voulant nous ſeruir de leurs branches, nous les re-
nouuellons en leur coupant la teſte. Toutes ces choſes doiuent eſtre
faites en ſaiſons temperées, aux equinoxes, au commencement du Printemps & de l'Automne; ceux que l'on ébranchera au Printemps porteront plus de fruiſt, & ceux de l'Automne pouſſeront plus de bois.
Mais ſelon que nous deſirons que les arbres deuiennent grands, ou rete-
nus, il ſera beſoin auſſi de prendre garde à l'eſtat auquel ſera la Lune; car
coupant à la fin de la Lune, l'arbre qui eſt vuide, & en appetit, attirera
nourriture dés le commencement de la nouuelle, comme s'il auoit toutes ſes branches à fournir, de laquelle abondance il en renforcera, & groſ-
ſira, & quand la ſaiſon ſera venuë, eſtant puiſſant & bien fourny, pouſ-
ſera vn long & gros iet. Au contraire ſi vous coupez en la pleine Lune,
l'arbre ayant employé aux branches ce qu'il auoit attiré de ſubſtance durant la croiſſance de la Lune, le peu qui reſtoit en ſa tige, ou tronc, s'é-
coulera encor en partie par les playes que luy ferez, l'écorce ſe reſtreindra
& s'endurcira par l'alteration, & ſeichereſſe, n'eſtant humeſtée, & ſou-
leuée par abondance de ſubſtance au dedans, durant le temps qu'il ſera
ſans ſuccer, la Lune décroiſſant; de ſorte qu'au prochain renouueau il
ne ſera ſi ſain, ny en ſi bon appetit, ne ſi capable de receuoir nourriture, outre le temps qu'il aura perdu: & quand la ſaiſon de pouſſer ſera venuë, il aura moins de force, ſera moins approuiſionné, qui fera que ſon
iet ſera plus petit, & plus endurcy; c'eſt la raiſon pourquoy les tondures
des palliſſades, & bordures, que l'on veut époiſſir & reſtreindre, doiuent
eſtre faites en la pleine Lune, & apres que le iet eſt commencé de faire,
& ſi le Printemps eſt auancé, ou qu'on ſoit en l'Eſté, il les faudra faire en
ces iours temperez d'humidité apres la pluye, de crainte que la chaleur
exceſſiue n'enuahiſſe la plante, dépourueu de l'ombrage que luy don-
noient ſes branches & feüilles.

Pour les petites bordures du menu plan, leur prompte croiſſance
monſtre le beſoin qu'elles ont d'eſtre tonduës ſouuent, qui fait auſſi que
ce doit eſtre en pleine Lune, pour les retenir plus courtes, & preſſées: &
ne doit-on auoir pour elle moins d'égard à la temperature de l'air, daut-
tant qu'eſtans foibles, & leurs racines courtes, elles ont plus à craindre
la trop grande chaleur, ſi elles ne ſont ſecouruës de la pluye: pour les conſeruer auſſi en longue durée, il faut ſe garder de les laiſſer croiſtre, & donner temps de produire leurs graines, qui eſt leur dernier but, lequel la
plus part d'elles ayant atteint, elles meurent.

CHAPITRE X.

Des arrosements.

L A terre estant seiche de sa nature a besoin d'arrosement, & plus encor quand le Soleil la regardant de
prés l'échauffe outre mesure: le meilleur arrosement
qu'elle reçoit, est celuy de la pluye, qui tombe ad-
mirablement pour tel effet, & d'vne façon inimita-
ble, & par vne si douce cheute, que la terre s'en sent
plustost soufleuée, qu'affaissée de la pesanteur, s'en
abreuuant peu à peu, quand les vents & les orages
ne forcent point la pluye, & ne la chassent point trop violemment. Affais-
sant la terre, & la détrempant plus qu'il n'est de besoin, elles émeuuent
de sa place celle qui est plus parée à la production, détournent & empeschent ses commencements, & quelque fois les choses bien aduancées
sont détruites par tels bouleuersements, les plantes arrachées, & la terre
mesme emportée par les rauines coulants dans les fonds. La neige aussi
tombant n'affaisse point la terre, pour époisse qu'elle soit, & sert d'vn excellent arrosement: venant à se fondre peu à peu, elle l'abreuue & engraisse, & quand par son époisseur elle la couure longuement, elle oste
le moyen aux oyseaux, & autres animaux de manger les semences, & de
paistre son beau verd, qui est conserué par telle couuerture, mesme
contre le froid excessif. L'eau des riuieres, & ruisseaux, venant quelque
fois à déborder, couure les prez, & terres voisines, & les arrose, mais diuersement : car selon la diuersité des eaux & des terres, elle y fait du
bien ou dommage, y laissant, ou ostant, d'autre bonne ou mauuaise ter-
te : selon aussi la qualité des plantes mesmes, qui tantost en sont heureusement abreuuées, & tantost noyées & étouffées.

Mais l'arrosement artificiel se fera à temps, & à propos, par l'intelligence du Iardinier, qui connoistra le besoin, selon la nature des terres,
& des plantes: il sera fait commodément, si vous auez les eaux naturelles,
ou par artifice, plus hautes que les lieux que voudrez arroser, les laissant
couler doucement, & en telle quantité qu'il en sera besoin, par les canaux
de telles matieres que vous aurez, de bois, plomb, ou tuille, ou par les
mesmes terres, y faisant des rayons, qui donnant l'eau par les sentiers
des planches, & le long des bordures, abreuuera la terre par dessous,
rafraichissant les racines, sans décharner les plantes de leur terre, ainsi
qu'il se fait quand l'eau y est versée à coup par dessus auec l'arrosoir, qui
ne peut estre percé si menu, que l'eau trop abondante n'affaisse la terre
en tombant, ny dissoude l'humeur apprestée à la production, & ne l'em-
mene plus profond en terre, lauant la surface. Il vaudroit mieux n'arroser point, que d'arroser peu ; car la terre en deuient plus alterée, s'estant

H iiij

attenduë à tel fecours, lequel on luy a fait feulement goufter : il faut aufli arrofer au lieu où font les racines fucçantes, car fe font-c'les qui en tirent plus de profit, & de qui la plante le reçoit.   Aucuns arrofent en plain midy quand l'alteration eft plus grande, & quand la chaleur qui eft en la terre attiediſt la froideur de l'eau, & ne font fans raifon pour aucunes plantes ; mais ces mutations promptes, d'vne extremité à l'autre, font contraires à nature, qui ayme le temperament : & afin de n'vfer des chofes en vn eftat fi contraire, il vaut mieux arrofer le foir conformément à la fraifcheur de la nuict, ou durant la nuict mefme apres auoir fait échauffer l'eau à l'air, & au Soleil tout le long du iour : par ce moyen l'eau fera temperée, la terre abreuuée à l'aife, les plantes l'attireront moins auidement, & toutesfois auec plus de vigueur en la fraifcheur de la nuict, le matin aufli y feroit propre, à caufe de la mefme fraifcheur de la nuict, fi ce n'eft que l'eau fe rendant plus froide par icelle, n'eft fi propre pour l'accroiffement des plantes, la froideur de laquelle retarde l'effect de la terre, qui doit eftre aydée, non moins de chaleur que d'humidité. Ors'y infufant en cette eau fubftance propre à augmenter la vertu produifante de la terre, ou autres bonnes qualitez de goufts, odeurs, ou couleurs, defquelles vous defirerez que les plantes ou leurs fruicts fe reffentent, il n'y a doute que cette pratique ne reüffiffe auec autant de plaifir & vtilité, comme elle eft facile & commode.

Il arriue fouuent inconuenient de l'arrofement qu'on donne aux femences & nouueaux plans durant les feichereffes d'Efté, par les animaux, qui font en terre, Taupes, Mulots, & autres, qui ne font moins alterez que les plantes, car fentans l'humidité, la viennent chercher de loin, & s'affemblent en nombre à cette fraifcheur, mangent les graines en faueur defquelles auoit efté fait l'arrofement, & foüillans la terre & la foufleuant, déracinent les plantes qui font feichées par la chaleur qui penetre plus facilement apres. C'eft pourquoy ie dis encor, qu'il vaut mieux n'arrofer point, qu'arrofer peu, & qu'heureux font les Iardins plus bas fcituez que les eaux, dont ils peuuent eftre arrofez en abondance : à heure & à temps les autres iardins ne laifferont pourtant d'eftre arrofez bien à point auec l'arrofoir commun, ou auec feringue, ou auec la pompe portatiue dans vn feau, ou cuuier, faifant que le iailliffement fe faffe par quantité de trous menus percez ; cette façon d'arrofer eft propre pour lauer les branches & feüilles des arbres chargez de pouffiere, ou quand ils font mangez de chenilles, & autres vermines, en infufant dans l'eau les remedes pour les exterminer.

CHAPITRE XI.

Pour faire des bois.

ON fait ordinairement des bois en trois manieres; la premiere est quand vous auez estenduë de terre en friche dans laquelle il vient naturellement & sans artifice du bois de quelque espece, à quoy la terre prend plaisir : car la terre produit de sa nature, & ne demeure point sans rien faire, si elle est tant soit peu fertile; il faut renfermer cette terre, & empescher qu'elle ne soit frequentée, que les animaux ne la foulent, broutent & gastent, y faisant à l'enuiron vn bon & profond fossé auec hayes, ou autres defenses, & en peu d'années vous trouuerez commencement de bois, specialement si c'est chesne qui naturellement y vienne, ainsi que souuent il s'en trouue de cette nature proche des forests, mesmes apres qu'vne hautefustaye aura esté abbatuë, la terre produira, ou d'elle mesme, quand elle aura pris grand & plein air, ou de quelques vieilles racines des arbres coupez, si la place est conseruée & gardée, & par ce moyen se fait des bois nouueaux, qui auec le temps deuiendront de bon reuenu en tailles, parmy lesquelles tailles on choisist des arbres de pied qu'on reserue en bailliueaux, qui aussi refont vne forest & haute fustaye; cette voye est longue, mais sans peine ny fraiz, que de la garde & closture qui est necessaire. Vne autre façon de faire des bois est en semant Glan, Chastaignes, Fayne, semence de Charme, Erable, Orme, Fresne, Tilleux, & autres, à quoy la terre monstre prendre plaisir: quelque fois il se trouue des terres qui n'estans pas bien fertiles en grains ne laissent de produire de beaux bois, par la semence qui leur est donnée. Donc si vous auez vne terre que vouliez mettre en bois, faites la bien fumer & labourer de toutes ses façons, comme si la vouliez semer en bled, puis choisissez la semence des especes que vous verrez que la terre ayme par la production naturelle qu'elle fait eu ce lieu, ou és enuirons en semblable terroir; les meilleurs bois sont les Chesnes, & entre iceux le Chesne blanc, car il vient plustost que les autres Chesnes, plus haut, plus droit, & meilleur en charpenterie & menuiserie; le Chastaigner n'est pas moindre en toutes ces qualitez, outre que son fruict vaut mieux qu'à nourrir les pourceaux, mesme le bois estant mis en tailles, ses rejettons de trois ou quatre ans sont grandement vtiles à faire cerseaux pour les tonneaux, & seruent bien aux iardins employez en bois mort pour cabinets & hayes façonnées, le Fau ou Haistre fait vn bois & forest des plus belles, vient bien & proprement de semence; mais son bois n'est propre, ny à charpenterie, ny qu'à peu de menuiserie, n'ayant la force ny la

H iiij

durée & beauté des deffus-nommez, fe deiettant en befogne, quelque
fec qu'il puiffe eftre, & neantmoins on l'employe en diuerfes chofes; le
Tilleu eft plus propre à couurir les allées des iardins, eftant fon bois blanc
& foible; le Charme auffi eft plus propre pour taillis, que pour haute
fuftaye, & eft beau en palliffades dans les iardins; & ainfi l'Erable qui
prend bien au tranfplanter, & vient à l'ombre & en grand air, le Frefne
monte vne belle tige, droite & vnie, fon bois eft fort, & fert en paix &
en guerre aux Charrons & Artilles pour les bonnes picques & aftes, il
engendre les mouches cantarides tres-fafcheufes dans les iardins. Quant
à l'Orme il vient diligemment, & en toute forte de terroirs, & de toutes
façons : fon bois eft fort, plus propre à l'ouurage des Charrons que des
Menuifiers, mais les bois en font beaux & hauts, & les allées des iardins
tres bien couuertes; l'Aune, & les Saules, & les Peupliers font propres aux
lieux aquatiques. Ainfi choififfant les efpeces de bois propres à vos terres, vous les femerez incontinent qu'aurez recueilly la graine deuant
qu'elle s'échauffe demeurant amoncelée, ou par trop deffeichée : fi vous
auiez peu de terre à femer, vous pourriez laiffer paffer l'Hyuer auant femer pour crainte d'vne grande gelée, comme il en arriue quelque fois :
& pour conferuer vos femences, fpecialement les Glands & Chaftai-
gnes, il faut les mettre dans des paniers & manequins, & auec du fable
lit fur lit, pour les garder en lieu temperé, & les porter facilement au lieu
où voulez femer fans rompre le germe qui commence à fortir, les pofant en terre vn à vn auec la main, cela les garentit des Taupes & Mulots,
& des Corneilles, qui les mangent l'hyuer, & ne femez que les bons feulement qui viennent & fortent de terre incontinent qu'ils ont fenty le
Printemps; mais fi c'eft vn grand champ, femez & recouurez auec la
charuë, comme on fait les féues & pois. Le plan commençant de paroiftre le faut entretenir de farclure, & arracher les herbes, afin qu'elles ne
le fuffoquent, & mangent la nourriture; & ainfi en peu d'années aurez
vn beau bois, & peut eftre trop épois, duquel vous pourrez tirer du plan
pour tranfplanter ailleurs; voire longues années vous aurez iournellement à prendre grandes commoditez de ces ieunes arbres, oftant les vns
pour faire place aux autres. Si le ieune bois eft femé de Gland feulement,
il le faudra couper la troifiefme année de fa croiffance tout contre terre,
auec vn tranchant bien affilé, prenant garde de n'ébranler ou efforcer
les racines, & cela en vieille Lune, en beau temps, & luy faudra donner
vn bon labour, le rejet qu'il fera au Printemps viendra haut & droit, &
formera fuiuant ce commencement vne droite & belle tige, la proximité du plan feruant à conduire droit & haut le noutteau jet.

L'autre façon de faire bois & taillis, eft en le plantant de ieune plan
en l'Automne, ou au Printemps, felon la nature du terroir, le fec voulant eftre planté en l'Automne, & l'humide au Printemps; prenez donc
des plans fuf-nommez, ceux que trouuerez plus propres à voftre terre,
qui foit frais arraché, & bien enraciné, & les plantez par petites rigoles

de trois pieds de diftance l'vne de l'autre, & les coupez à demy pied hors
de terre, fi le plan eft tant foit peu fort, ayant foin de le faire labourer au
Printemps & en l'Automne, les trois ou quatre premieres années, & iufques à ce que l'ombre de voftre plan fuffoque les herbes qui croiffent
deffous: il ne faut grand labourage la premiere année, & fuffira de fer-
foüetter & arracher les herbes qui fuffoqueroient le plan, & mangeroient
fa nourriture; mais il faut bien labourer les années fuiuantes, afin de bail-
ler facilité aux racines de s'allonger, & receuoir le temperament neceffaire à la production par le moyen des pluyes & du Soleil, le chaud &
l'humide n'eftans moins neceffaires l'vn que l'autre: & fi vous auez l'arrofement facile, ne l'épargnez pas au plan fait au Printemps, il en aura
plus de befoin encore que celuy de l'Automne, mais tous deux s'en
porteront mieux, fi les arrofez durant le hafle de Mars, qui eft le commencement de la reprife du plan de l'vne & de l'autre faifon, & le temps
qu'ils ont plus de befoin de fecours.

Outre ce que deffus il fe fait de petits bofquets qui feruent de grand
embelliffement aux Iardins, qui font compofez d'allées, fales, & cabinets en lignes droites & courbes, & fe peuuent planter en deux façons,
fçauoir d'arbres de marque d'efpace en efpace, pour faire les allées couuertes, garnis d'vne palliffade au pied, ou plantes de palliffades feules
fans arbres, pour auoir fes allées découuertes, felon la fantaifie de celuy
qui les fait faire, y en ayant qui ayment les allées couuertes, d'autres les
découuertes: la place eftant choifie dans voftre Parc, ou Iardin, fi c'eft
proche de la maifon & parterre, vous prendrez les allignements d'iceluy, continuez auec les autres allées & promenoirs, qui accompagnent
la maifon que nous prefupofons auoir efté prife conuenante à icelles,
à fçauoir paralleles, & à angles droits fur le principal corps de logis, ainfi
qu'il conuient; plus felon l'étenduë & figure de voftre place, ferez vn
plan mefuré par toifes, fur lequel feront tracées vos falles, cabinets, &
allées, de forme & largeur conuenante, & bien ordonnées, fuiuant la
grandeur de voftre bofquet, faifant les allées découuertes plus larges
que les couuertes. Voftre deffein eftant fait, & bien arrefté, le faudra
tracer fur terre, & fuiuant la trace faire ouurir les rigoles ou foffez, que
ferez de trois pieds d'ouuerture, & deux de profond, long-temps deuant que de planter, afin de rendre la terre plus amiable au plan, luy donnant moyen de fe meurir, & d'euaporer les mauuaifes conditions qui
fe rencontrent d'ordinaire au fecond lit d'icelle, n'oubliant de mettre
la bonne terre de deffus d'vn cofté, & celle du fonds de l'autre, afin d'a-
uoir moyen en plantant de mettre la bonne deffous, & à l'entour des racines de voftre plan, & l'autre deffus, où elle aura tout loifir de fe meurir, vous planterez au milieu de voftre rigole, ou foffé, & laifferez peu
de tige au plan hors de terre, il en pouffera de plus grande vigueur, ne
laiffant aux arbres de marque plus de fix pieds hors de terre, & aux

palliſſades demy pied, prenant garde de ne le mettre trop auant en terre, car vn pouce ſuffit plus que le plan n'auoit deuant qu'eſtre arraché,
ayant en cecy neantmoins égard à la nature de la terre, la plus legere
eſtant la plus facile à deſſeicher, il faut dauartage couurir le plan de
terre, ou de paille & fougere, pour le conſeruer du haſle & chaleurs de
l'Eſté, qui deſſeicheroit les racines du plan. Nous choiſirons pour couurir nos allées, l'Orme, le Tilleu, ou le Heſtre, & pour les palliſſades, le
Charme, le Heſtre, l'Erable, & l'Eſpine blanche, eſtans de tous les plans
qui quittent leurs feüilles les plus propres pour cela.

Mais ils ſe peuuent planter parfaitement beaux des arbres qui gar-
dent leurs feüilles l'Hyuer, & qui reſiſtant aux rigueurs des gelées, nous
font ioüir de leur perpetuelle verdeur, au plus fort d'icelles, à quoy
peuuent eſtre employez en ce climat pour les arbres de marque, les
Cheſnes verts, les Lieges, les Pins, Sapins, Pinaſtres, Cedres, Cyprez,
Lauriers, Arbouſiers, Laurier-rege; & pour les palliſſades, ou bordü-
res, le Boüis, le Sauinier, le Geniéure, le Hou, toutes les eſpeces de Phi-
leres, & Alaternus, le Pirachanta, Seſelly Ethiopic, & le Romarin; les
climats plus chauds ſe peuuent ſeruir, outre ceux-cy, de toutes les eſpeces d'Orangers & Citronniers, de tous les Mirthes, Laurier, Tin, Ro-
dodaphne, Lentiſques, vrais Sicomores, Oliuiers, Palmiers, Caſſiers,
Sebeſtes, Mirabolants, & pluſieurs autres. Faut prendre garde, ſpecialement aux plants touſiours verds, de ne les meſler en vos palliſſades, les vns parmy les autres, mais vous planterez tout vn allignement,
de Boüis, de Hou, Geniéure, & ainſi des autres eſpeces, faiſant les plus
longs traits de ceux qu'aurez plus à commodité, & les cabinets, & autres plus petits allignements de ceux qui ſont plus rares; cette diuerſité
bien ordonnée donnera grace à la beſogne, & plaiſir à la veuë par la diuerſité des verds qui feront les palliſſades, plantées chacune de diffe-
rents plans: les deſſeins qu'en baillons icy, & qu'auons fait planter à
Verſaille, & ailleurs, pourront eſtre ſuiuis, ou au moins en pourra-on
tirer ce qui ſe pourra trouuer bon, & en faire de differentes inuentions,
ſuiuant les formes & figures des places, chacun s'en pouuant accommoder ſuiuant icelles, faiſant les allées plus ou moins larges; les plus
larges ſuffiront de deux toiſes, & les moindres de neuf à dix pieds. De
cette maniere de planter ieune plan, ſe peuuent faire les grandes allées,
aduenues, & promenoirs, tant celles que voudrez planter d'arbres
pour les faire couuertes, que les autres où ne voudrez que palliſſades,
ou hauts Eſpalliers aux coſtez, leſquels ne faudra laiſſer monter qu'à meſure que le bas ſera bien fourny, car c'eſt par le pied qu'il doit commencer à eſtre bien formé, le laiſſant monter par années ſelon qu'il
époiſſit, & ſi par negligence il auoit monté, laiſſant le bas dégarny, il
le faut rogner plus bas, afin qu'il s'épaiſſiſſe, la beauté de ces palliſſades
eſtant d'auoir le bas & les coſtez bien garnis; quant à l'époiſſeur de la
palliſſade deux pieds ſuffiront, la forte tige du plan demeurant au mi-

lieu, & se trouuera bien garnie, si dés le commencement elle est bien
entretenuë de tondure, tant par haut que par les costez, les arbres de
marque, Ormes ou Tilleux, destinez pour couurir les allées qu'on veut
faire couuertes, doiuent estre plantez à neuf pieds l'vn de l'autre, ou de
douze au plus, l'entre-deux desquels doiuent estre plantez de menu plan
pour former la bordure ou pallissade, la laissant croistre d'an en an, iusques à ce qu'elle aye atteint la hauteur de quatre ou cinq pieds, où il les
faudra arrester : vos allées seront plus belles, que si la laissiez monter plus
haut, vous ostant & accourcissant trop la veuë. Les rigoles ou fossez
se doiuent faire plus larges & profondes en mauuaise terre, qu'en la
bonne, & aux arbres gros qu'aux petits, & ne le seront trop quand les
ferez de six pieds de large, & trois de profond, les plus larges estans
tousiours les meilleurs. Pour tout ce qui est à considerer pour la beauté
du temps, & estat de la Lune, nous en auons parlé au Chapitre quatries-
me du second Liure, au transplanter des arbres, ne nous restant plus icy
que d'aduertir ceux qui voudront auoir bien tost plaisir de leurs plants
& bosquets, de ne leur épargner ny les labours, ny les arrosements en
la saison.

DV IARDINAGE,
LIVRE TROISIESME.
DE LA DISPOSITION ET ORDONNANCE DES
Iardins, & des chofes qui feruent à leur embelliffement.

AVANT-PROPOS.

RESTE maintenant d'ordonner les Iardins, pour employer dedans les chofes dont nous auons parlé : & pour ce il eft befoin que nous difions ce qui nous femble de l'affiette & difpofition d'iceux, quels embelliffemens y font agreables ; voire que nous en dreffions des plants & eleuations qui puiffent ayder à éclaircir noftre difcours : lefquels auffi pourront eftre fuiuis, ou defquels on pourra tirer ce qui fera trouué bon, chacun s'accommodant à fa portée, & à la place qu'il aura. Non que nous pretendions mettre icy tout ce qui appartient à l'ornement des Iardins, car il eft infiny ; mais en ce peu on iugera des autres beautez conuenantes à ce fujet, lefquelles on pourra rechercher des Architectes, & autres gens fçauants en pourtraiture, & bons Geometres, fi le Iardinier n'auoit fait fes premiers apprentiffages en telles fciences, qui luy font non moins neceffaires pour la conftruction du Iardin, que l'intelligence de la nature des terres & des plantes, dautant que c'eft le feul chemin pour paruenir à la connoiffance des beautez qui y font requifes : Par la pourtraiture nous apprenons les proportions des corps diuers qui peuuent y eftre employez, nous reconnoiffons par le deffein, fi l'ordonnance a grace, fi les parties ont conuenance l'vne à l'autre, & iugeons de la befogne auant qu'elle foit faite, afin que mettant la main à l'œuure nous trauaillions feurement, reduifant en grand les mefmes chofes qu'auions deffeignées en petit. Que fi le Iardinier eft ignorant du deffein ; il n'aura aucune inuention ny iugement, pour les ornemens : S'il les emprunte d'autruy ; comment les tracera-il fur fa terre ?

terre? Et apres qu'ils feront plantez, comment les entretiendra-il de tondure, & autres reparations ordinaires, auec lefquelles la beauté s'augmente de iour à autre? Bref tout ainfi que nos premiers Traictez dépendent de la connoiffance de la nature, & raifons de Philofophie, auffi dépend cettuy-cy de la fcience de Pourtraiture, bafe & fondement de tous
les mechaniques.

Nous confeillons donc icy le Iardinier de s'inftruire de bonne heure au deffein pour fe former le iugement, & prendre connoiffance de tant de beautez qui en dépendent, à celle fin que s'il ne peut paruenir iufques à la capacité d'inuenter luy mefme (qui n'eft donnée qu'à
peu de gens) il puiffe à tout le moins faire choix de ce qui luy fera propre, & fuiure les ordonnances d'autruy, quand il aura moyen d'en recouurer des plus fçauans.

CHAPITRE PREMIER.

Que la diuerfité embellit les Iardins.

VIVANT les enfeignemens que Nature nous donne en tant de varietez, nous eftimons que les Iardins les plus variez feront trouuez les plus beaux :
Ie dis variez premierement en l'affiette, puis en la
forme generale, en la difference des corps diuers
qui y feront employez, tant en relief, que parterre,
& en la difference des plantes, & arbres, qui different auffi entre eux de forme & de couleurs : Tou-
tes lefquelles chofes, fi belles que les puiffions choifir, feront defectueu-
fes, & moins agreables, fi elles ne font ordonnées & placées auec fymmetrie, & bonne correfpondance : car Nature l'obferue auffi en fes œuures fi parfaites, les arbres eflargiffent, ou montent en pointes leurs branches de pareille proportion, leurs feüilles ont les coftez femblables, &
les fleurs ordonnées d'vne, ou de plufieurs pieces, ont fi bonne conuenance, que nous ne pouuons mieux faire que tafcher d'enfuiure cette
grande maiftreffe en cecy, comme aux autres particularitez que nous
auons touchées.

I

CHAPITRE II.

De l'assiette des Iardins à l'égard du plan de terre.

I VSQVES icy on s'est tellement arresté à l'assiette égalle & vnie, qu'on a dédaigné toutes les autres, mesmes ne la trouuant commodémenr on a mieux aymé ne faire point de Iardin : à la verité elle y est belle, bien seante & commode, pouuant en icelle vous estendre & agrandir en tout vostre espace; outre les promenoirs faciles & de longue estenduë, qui souuent s'y rencontrent. Ce qui n'est pas aux autres assiettes montucuses, ou inégales, esquelles la nature du lieu vous contraint & arreste; neantmoins on peut trouuer en celle-cy d'autres plaisirs & commoditez qui sont bien à priser, & qui conuiennent à la nature de quelques plantes, aucunes desquelles veulent l'ombre, & d'autres vn fort soleil, d'autres estre appuyées par des murailles, ou auoir leurs racines parmy les pierres d'icelles : commoditez qui se trouuent és assietes inégales. Il y a encor grãd plaisir de voir de lieu esleué les parterres bas, qui paroissent plus beaux, car d'en bas ils ne peuuent estre seulement discernez : la disposition & departement de tout le Iardin estant veuë de haut, est remarquée & reconnuë d'vne seule veuë, ne paroist qu'vn seul parterre, dans lequel sont distinguez tous les ornemens : vous iugez de là la bonne correspondance qui est entre les parties, qui toutes ensemble baillent plus de plaisir que les parcelles : ce qui se trouue defectueux en l'assiette égale, en laquelle tous les corps esleuez vous arrestent la veuë.

Ceux donc qui se trouueront si heureusement situez, qu'ils pourront entremesler l'vne & l'autre assiette, auront vn grand auantage; car ils ioüiront de la diuersité que nous desirons en cecy, comme aux autres choses, & des beautez & commoditez qui sont en l'vne & en l'autre. Mais il sera besoin vser de bonne symmetrie, qui est difficile à y rencontrer, & de grand coust à y mettre, quand naturellement elle ne se trouue en l'inégale : car les remuemens des terres, soit à oster ou mettre, sont importans, outre que cauant en terre profond, vous trouuez quelquesfois des difficultez en la nature des lieux mal-aisez à corriger : comme au contraire quelquesfois aussi par tel moyen vous vous couurez des dangers & intemperies de l'air, & des vents, vous augmentez au Soleil sa force, par les moyens que nous auons dit, & par la reuerberation de ses rayons, qui sont renuoyez par la hauteur des terreins.

CHAPITRE III.

De la forme des Jardins.

LES formes carrées font les plus pratiquées aux Iardins, foit du carré parfait, ou de l'oblong, bien qu'en
iceux y aye grande difference : Mais en eux fe trouuent les lignes droites, qui rendent les allées longues & belles, & leur donnent vne plaifante per-
fpective : car fur leur longueur la force de la veuë
declinant, rend les chofes plus petites tendantes à
vn poinct, qui les fait trouuer plus agreables. Mais
ie ne fuis pas d'aduis, que s'arreftant du tout à ces lignes droites, quelque beauté qu'elles ayent, nous n'entremefflions auffi des rondes, &
courbes ; & parmy les carrées, des obliques ; afin de trouuer la varieté
que nature demande, laquelle ont fagement compris les plus fçauans en
portraicture, qui ont toufiours varié leurs ouurages de formes differentes, meflant des rondes auec les carrées, & entrecouppant les lignes qui
ennuyent par trop de longueur.

Ie me laffe grandement de voir tous les Iardins partis feulement en
lignes droites, les vns mis en quatre carrez, les autres en neuf, les autres
en feize, & iamais ne voir autre chofe : Les autres formes parfaites trouueront auffi leur lieu & leurs graces dans les Iardins, fi elles font difpofées felon la nature du lieu, qui fouuent fe trouue contraint par des
montaignes, riuieres, ou autres empefchemens, qui faifant des angles
pointus ou obtus, fur lefquels feront accommodées les formes parfaites
qui auront commencé aux lignes qui contraignent la place. Sans aucune contrainte mefme, il n'y aura danger quelquefois de changer cette carrée fi commune, en vne des autres, ou l'entremefler felon qu'elles
conuiennent. La triangulaire eftant doublée fait l'exagone, l'octogone
procede de la carrée, & la pentagone feule ou accompagnée d'autre,
ne refte d'auoir fa perfection en iardinage, comme aux autres œuures,
où elle eft fouuent employée. Mais ces chofes dépendantes de l'inuention
& gentilleffe d'efprit du Defignateur, nous laifferons à luy de trouuer grace & beauté en toutes les formes, fuiuant fon caprice ; l'aduertiffant
feulement de prendre garde que tous les promenoirs ayent communication de l'vn à l'autre, afin de n'eftre obligé, fi on ne veut, de reue-
nir fur fes pas, qui eft vne chofe tres-ennuyeufe, & à laquelle il faut bien
prendre garde.

CHAPITRE IV.

Des Allées & longs promenoirs.

LES Allées font neceſſaires aux Iardins, tant pour feruir de promenoirs, que pour l'vſage & feruitude des
choſes qui y ſont plantées : Le tour du Iardin & departement principal en doit eſtre fait, & par elles
ſont bien & à propos marquées les formes & les eſpaces, pour les herbes & plantes, ou pour les ouurages,
parterres, & boſquets. Elles doiuét eſtre proportionnées de largeur auec leur lógueur, & auec la hauteur
de leurs bordures, ou palliſſades, faiſant encor (pour ce regard) differéce
des couuertes, auec les découuertes, pour trouuer vne grace agreable
qui s'y rencontre, de laquelle on ne peut donner meſure iuſte, qui ne puiſſe s'eſtendre à plus ou moins. Mais nous reconnoiſſons que le couuert
qui nous encloſt, & oſte le grand air, fait ſembler l'eſpace plus grand,
que quand l'air & la veuë ſont libres ; de ſorte que les Allées couuertes
doiuent auoir moins de largeur proportionnée à leur longueur que les découuertes, outre qu'elles ſont plus faciles à couurir eſtant eſtroites.
Les hautes palliſſades au contraire vous contraignent les coſtez, ſi vous
ne trouuez largeur ſuffiſante pour regarder aiſément ſa hauteur, & voir
l'air qui vient d'en haut, & faut à celles-cy grande largeur, ſur laquelle
encor la hauteur de la palliſſade doit eſtre meſurée, luy donnant les deux
tiers de la largeur de l'Allée. De celles qui ſont fort longues, les plus
larges que i'ay veuë m'ont ſemblé les plus belles, ainſi qu'il ſe voit aux
Tuilleries l'Allée d'Ormes, qui a trente pieds de large, beaucoup plus
belle que les deux de Platanes qui ſont és coſtez, qui en ont ſeulement
vingt, ſur trois cens toiſes de longueur, ores qu'elles ſoient couuertes :
Meſme cette plus belle d'Ormes, quand vous promenant vous la ra-
courciſſez à certain point que la perſpectiue montre, la où finit l'eſtre-
ciſſement qui ſe fait par le defaut de la veuë, vous trouuez vne proportion
tion plus belle, que quand vous la voyez en ſa longueur entiere. Et c'eſt
à ce point là que montre la perſpectiue la iuſte longueur de toutes Allées, qui y voudroit obſeruer la perfection. Mais on les deſire ſouuent
plus longues, ſoit afin qu'elles contiennent tout l'eſpace qu'on veut
embellir, ou afin qu'elles ſeruent de voye pour aller loing.
   Doncques les longues routes, & allées des bois & campagnes, ſi elles paſſent trois à quatre cens toiſes de long, en doiuent auoir ſept à
huict toiſes de large, pour eſtre belles & magnifiques, & doiuent eſtre
plantées à double rang de chacun coſté, à deux ou trois toiſes d'éloignement, ainſi que d'arbre en arbre, choiſiſſant ceux qui viennent
hauts, & bien touffus ; comme Cheſnes, Ormes, Tilleus, ou autres de
grand ombrage, ſelon que demandera le terroir. Si les voulez d'arbres

fruictiers ; fans auoir tant d'égard à l'ombrage qu'à la recolte, comme
Noyers, ou Chaftaigners, vn rang de chacun cofté doit fuffire, à pareil éloignement les vns des autres, que fera large l'Allée ; voire les arbres qui ne portent point de fruicts, eftans grands, font beaux à voir
en telle diftance, chacun gardant fa forme.

Quant aux Allées des Iardins, les plus grandes font fuffifamment larges de cinq toifes, fi elles n'ont plus de deux cens toifes de long, quatre toifes à celles de cent cinquante, trois toifes & demie à celles de
cent, trois toifes à celles de cinquante, & deux toifes & demie à celles de trente ; lefquelles feront propres pour le tour du Iardin, & longs
promenoirs. Les autres plus proches du centre du Iardin, doiuent diminuer de largeur, comme elles font racourcies. Les grandes Allées
eftant garnies d'efpaliers, ou hautes bordures, qui oftent du tout, ou
en partie, la veuë du Iardinage, doiuent eftre accompagnées de Contre-
allées de moitié de leur largeur ou peu moins, pour feruir de promenoirs à defcouuert, & de feruitude aux efpaces du iardinage qu'elles enuironnent, lefquelles doiuent auffi donner la proportion aux autres
trauerfantes, qui les ioignent, ou compartiffent l'efpace : Et fi dans ces
efpaces il fe fait des planches par rofes, ou gloires, ou autre forme, les
voyes d'entre-deux doiuent eftre proportionnées felon ces planche ,
donnant à la voye le tiers ou le quart de la largeur de la planche. Ou
fi c'eft vn compartiment de paffement par terre, qui ferue de voye, elles
doiuent auffi eftre proportionnees à tout le parterre, & de telle largeur
qu'elles foient pour le feruice comme pour la beauté, y ayant plus de
danger à les faire eftroittes que larges, dautant que les bordures qui
les forment & enuironnent, croiffent & efpaiffiffent.

CHAPITRE V.

Des Parterres.

LES Parterres font les embelliffemens bas des Iardins, qui ont grande grace, fpecialement quand ils
font veus de lieu efleué : ils font faits de bordures
de plufieurs arbriffeaux & fous-arbriffeaux de couleurs diuerfes, façonnez de manieres differentes,
de compartimens, feüillages, paffements, morefques, arabefques, grotefques, guillochis, rofettes,
gloires, targes, efcuffons d'armes, chiffres, & deui-
fes. Ou bien par planches, fe rencontrans fur des formes parfaites, ou
femblables, dans lefquelles on employe des plantes rares, fleurs, & her-
bages plantez en ordre, ou faifant des peloufes épaiffes, d'vne ou plufieurs couleurs, en forme de tapis de pied. On employe encor dans les
voyes, ou dans le champ vuide, des fables de couleurs differentes, qui y

sieent bien , & quelquesfois on peut dans les allées mesmes faire des
compartimens & guillochis, laissant partie d'icelles parée, & l'autre
herbuë.

CHAPITRE VI.

Du Relief.

LES corps releuez aussi ont grande grace dans les
Iardins , & baillent grand soulagement par leurs
couuerts & ombrages : ils marquent & partissent
les espaces, retenant en partie la veuë, & l'arrestant
pour estre considerez , & faire considerer les autres ouurages qu'ils enuironnent. Ils sont faits
par allées ou galleries, couuertes d'arbres, ou faites
en berceaux ou plats-fons, auec charpenterie ou
gaules de bois mort, que le feüillage recouure. Des salles, chambres,
cabinets, auec leurs suittes , en sont faites , couuerts en dosme ou tiers
poinct , en forme de corps de logis & pauillons , auec leurs portes &
fenestrages, ornez d'architecture bien obseruée, & entretenuë par le
liage & tondure. Mais d'autres corps plus importans, releuez de maçonnerie ou charpenterie , y peuuent aussi estre employez, seruans de
mesme aux promenoirs & logemens couuerts de plomb ou ardoise, ou
faits en terrasse, qui donneront dautant plus grande beauté quand l'architecture en sera exquise : & dauantage pourront encor au dedans &
au dehors estre ornez de peintures & sculptures , & seruir commodément à mettre à couuert les orengers, & autres arbres & plantes rares
qui craignent le froid, dont ils ne se trouueront moins embellis que des
choses feintes.

Les fontaines ornées d'architecture & sculpture , les grouppes de figures de marbre ou bronze , les grandes colomnes & pyramides , les
ballustrades & perrons, tiendront aussi lieu dans les Iardins , de grande
beauté parmy les corps releuez. Voire les simples palissades & hayes
d'appuy de boccage & feüillage, ne resteront sans estre estimées, toutes
vnies, n'ayant autre artifice que de la tondure : mais bien dauantage,
quand elles seront formées de bonne ordonnance d'architecture , auec
fenestrages, arcades, & niches, & soustenuës de pillastres, auec leurs
embassemens , chapiteaux , architraues , frises, corniches, frontons, &
autres amortissemens. Mesme les arbres seuls , de formes excellentes ,
ou plusieurs, disposez auec correspondance, feront vn beau Relief dans
le Iardin : Les orengers dans leurs caisses , & autres arbres à fleurs , ne
feront sans grace, estans placez auec ordre.

CHAPITRE VII.

Des embellissemens que l'on donne aux Iardins, par le moyen de l'eau.

NOVS auons defia dit que l'eau eft tres-neceffaire aux Iardins pour l'arrofement & rafraichiffement de la terre, quand les pluyes tardent trop à l'hume-&er. Mais auffi l'eau leur fert de grand embelliffement, fpecialement l'eau viue & courante en ruiffeaux, & celle qui boüillonne ou iaiift dans les fontaines ; cette viuacité & mouuement femblant eftre l'efprit plus viuant des Iardins. Il fe trouue encore des eaux, qui n'ayantes la viuacité fi grande ne feront inutiles, ny fans feruir d'ornement, foit qu'elles fourdent au lieu mefme, ou coulent de lieux plus efleuez, & viennent à croupir dans le Iardin : auquel cas afin qu'elles ne morfondent la terre, il faut creufer des canaux où elles s'égouteront & affembleront, & ainfi ne feront fans grace & beauté, & donneront encor commodité d'y nourrir du poiffon, qui embellira dautant plus qu'il y a grand plaifir de voir les poiffons mefmes s'appriuoifer, fuiure ceux qui les appellent, autant que leur demeure leur permet, cherchant, & receuant d'eux leur nourriture, qu'ils prennent iufques à la main : & la commodité n'eft pas petite de trouuer à propos quand il vous plaift vne fi bonne prouifion pour la cuifine.

Or de dire en quel lieu du Iardin les canaux doiuent eftre fituez, de quelle forme & grandeur ils doiuent eftre faits, on ne le peut vniuerfellement, cela dépend de la nature du lieu & des eaux, & en partie de celuy qui ordonne le Iardin, fans que nous en puiffions donner regle certaine: feulement nous difons que la plus grande eau femble la plus belle ; & neantmoins il fera bon qu'elle n'efface par fa grandeur les autres beautez du Iardin, ains les proportionnant les vnes felon les autres, il faut chercher la conuenance de toutes les parties. Nous difons auffi que pour la fanté de la famille il n'eft pas bon que les eaux, (fur tout celles qui ne font point courantes) foient proches du logis, car elles caufent de mauuaifes vapeurs trop humides, & quelques fois corrompues & puantes, les ferpés & grenoüilles s'y nourriffent, & s'y engendrent d'autres faletez par le limon & cheute des feüilles d'arbres. Il eft neceffaire que les canaux foient reueftus, car autrement la terre s'éboule, ils le peuuent eftre, non feulement de muraille baftie auec chaux & fable, mais auffi à pierre feche, laquelle ne refte d'eftre belle & de durée.

Si les canaux eftoient fituez en lieu que l'eau peut s'écouler en des lieux plus bas, qui eft vn moyen de les rendre plus nets & fains, il faudroit faire à l'enuiron vn conroy de terre peftrie, à quoy la plus argilleufe & graffe eft la meilleure, qui retiendra l'eau, iufques à ce que par vne bonde & petit canal vous la laiffiez couler. Si l'abondance d'eau eft grande, & qu'il foit befoin pour la contenir & égouter de plufieurs canaux, l'ornement s'en fera d'autant plus beau, fi les difpofant par bonne fymmetrie vous laiffez des efpaces de terre entremeflez, où pourront eftre des parterres, allées, ou d'autres corps releuez, plaifamment fituez entre ces eaux, en forme d'Ifles.

CHAPITRE VIII.

Des Riuieres & Ruiffeaux courans.

MAIS l'eau des Riuieres & Ruiffeaux courans eft bien plus à prifer, car elle eft plus belle, & d'autant plus faine qu'elle eft rapide, & le poiffon y eft meilleur. Or fi cette rapidité, ou la profondeur quelques fois empefchoit qu'on ne peuft détourner le canal, que l'on voudroit mettre en lieu plus conuenant, il faut que l'intelligence du bon maiftre fupplée, trouuant des beautez qui s'accommodent à la nature des chofes qui vous arreftent, & que vous ne pouuez forcer.

C'eft pourquoy en matiere d'embelliffemens des Iardins, les petits ruiffeaux font plus à defirer que les grandes riuieres, y ayant plus de moyen de les enioliuer, foit en les bordant d'enrichiffemens, ou pauant leur fonds de cailloux, ou fables, auec lefquels vous l'vniffez & mettez à telle hauteur que bon vous femble, n'y ayant moins de plaifir à voir le fonds bien ordonné que l'eau mefme. Dauantage le poiffon qui eft veu de plus prés, baille d'autant plus de plaifir; vous détournez ou feparez plus facilement le petit ruiffeau, & en formez non feulement des canaux en lignes droites; mais auffi en faites de finueux, vous en faites des compartimens & guillochis, voire des lacs, fi la nature du lieu n'y repugne.

CHAPITRE IX.

Des Fontaines.

QVANT aux Fontaines, ſi l'eau ſourd en boüillonnant, au lieu meſme que la voulez approprier, c'eſt vn grand aduantage & eſpargne; cette ſorte de Fontaine n'eſtant ſans grande beauté, qui principalement eſt deuë à la nature, car il n'y conuient tant d'artifice qu'aux autres, & cette eau que vous regardez la veuë baiſſée, n'a peu de grace, comme choſe naturelle. Neantmoins on fait grand cas des Fontaines iailliſſantes, leſquelles on peut embellir de grands enrichiſſemens d'architecture polie ou ruſtique, de figures de marbre ou bronze, par diuerſes inuentions & ordonnances, qui tiendront grand lieu en l'embelliſſement des Iardins, quand elles ſortiront de l'inuention & deſſein d'vn bon Architecte & Sculpteur, deſquels il ſe faut ſeruir pour cette particularité d'ornement. Or dautant que rarement les Fontaines ſe trouuent naturellement iailliſſantes, & moins encores és lieux où l'on les deſire, il eſt beſoin les chercher autre part, choiſiſſant les eaux bonnes, abondantes, & les ſources plus haut ſituées que le lieu où l'on veut qu'elles iailliſſent ou verſent. Il y a diuers moyens de les conduire, & diuerſes matieres ſont employées à faire les canaux propres à y ſeruir : mais plus ſouuent on les fait de pierre, terre cuitte, plomb, ou bois, leſquels il faut enfoncer en terre, pour conſeruer la fraiſcheur à l'eau durant l'eſté, & la garder durant l'hyuer d'eſtre glacée. Si on trouue commodité de conduire les eaux partie du chemin à niueau, auec ſuffiſance pante, c'eſt le plus aſſeuré moyen de les conſeruer bonnes, & les canaux n'endurent ſi grand effort, que quand l'eau tombe ou coule auec plus de pante. Il faut auſſi conſiderer la quantité d'eau qui peut eſtre fournie par la ſource, afin de faire les canaux du diametre conuenant à la faire couler, & ne donner à l'ornement de la Fontaine, lieu d'en eſcouler dauantage, ny moins auſſi; que ſi la ſource eſtoit trop abondante, il en faut laiſſer partie, ou l'employer autre part, car les canaux pâtiſſent du trop, & en ſont eſclattez & deſſoudez : De façon que le moins de diſtance qui ſe trouuerra entre le lieu où vous laiſſez le niueau de la ſource, & la Fontaine ornée, ſera le meilleur, pour auoir moins de tuyau qui ſouffre ou endure grand' peine. Quand il y a beaucoup de pante, l'eau coule dautant plus facilement; s'il y a peu de pante il faut le canal plus ſpacieux, afin que l'eau ne le rempliſſant du tout, l'air ayde à couler. Il y a des eaux qui coulant ſous terre, ſeroient preſtes de ſurgir, mais trouuant celle de la ſurface facile à penetrer, s'eſcoulent par dedans iuſques és lieux plus bas. Pour les trouuer plus hautes il faut

K

trancher aux lieux d'où il y a apparence qu'elles defcendent , & cette
apparence fe fait des plantes aquatiques , qui croiffent naturellement
dans tels coftaux , ou par les vapeurs qui s'efleuent de terre le matin ,
plus efpaiffes qu'ailleurs.

Ordinairement on trouue ces fources en terre, coulantes fur vn lict
de glaife , ou terre graffe qui l'empefche de penetrer plus bas : La fource eftant trouuée , ou plufieurs , vous les affemblez , & les enuironnez
d'vn rempart de terre graffe , pour fçauoir la quantité d'eau , la faifant
couler par vn feul tuyau : Et pour connoiftre fi elle pourroit monter
plus haut; car quelquesfois par tel remparement on gaigne de la hauteur ; laquelle eftant trouuée il faut niueler , pour trouuer combien vous
auez de pante iufqu'au lieu où la voulez conduire , fuffifant vn poulce
de pante pour fept ou huict toifes de longueur, ou moins.

CHAPITRE X.

Des canaux à conduire l'eau des Fontaines.

ES anciens nous ont monftré par ce qui nous refte de leurs Oeuures, le meilleur & plus affeuré
moyen de conduire les eaux ; Reftant mefme en
noftre France des Aqueducs , où l'eau de laquelle
ils fe font feruis coule encores, & plufieurs autres
que le temps , ou l'auarice des habitans des lieux
ont ruinez. Ils les ont conduites de niueau le plus
loing qu'ils ont peu , par vn canal de pierre choifie,
enfoncé en terre felon la difpofition des coftaux ou vallées qu'ils ren-
controient : fuiuans lefquelles, ou les trauerfans, ils ont cherché le plus
court , & le plus facile chemin ; vfant , comme il eft à croire , de bon
mefnage pour la defpenfe , & ne l'efpargnant auffi où la neceffité les con-
traignoit. Pour cela ils fe tenoient en la furface de la terre autant qu'ils
pouuoient , ne s'enfonçant profond que pour conferuer l'eau des intemperies du chaud & du froid qui luy font contraires, ou pour fuiure leur
niueau de pante, lequel quelquesfois enfonçoit plus profond , ou quelquesfois fortoit dehors : ils ont percé des montaignes , y faifant voye
fuffifante pour y cheminer debout des deux coftez du canal , & bafty
dans les trop profondes vallées des arcades fur des trumeaux de maçonnerie pour les fouftenir : lequel auffi par fois ils ont fait de plomb , les
fondant de groffeur & efpaiffeur conuenante à perpetuer leur ouurage,
& fouftenir la force & la pefanteur de l'eau quand ils eftoient contraints
de luy donner grande pante, laquelle force & pefanteur la maçonnerie
n'euft peu endurer. Ils choififfoient les pierres grandes , & de nature
refiftante au feu, à l'eau, & à l'air, ne fe délittant point , ainfi qu'il s'en
trouue; cauant en icelles le canal , & le couurant de pierre femblable ,

bien affis fur bon fondement de maçonnerie , de crainte d'efbranle-
ment. Outre le bon mortier d'icelle maçonnerie , ils ioignoient les pierres du canal auec ciment fait de tuilleau broyé , ainfi que nous le trouuons, non moins endurcy que la pierre mefme, digne ouurage de Roys,
des grandes Communautez, ou puiffances femblables.

Or fuiuans ces bons enfeignemens, chacun felon fa portée en doit approcher le plus prés qu'il pourra, choififfant pour le meilleur, le canal
de pierre conduit de niueau, affis fur maçonnerie bien fondée, & le canal bien cimenté , & conftruit au printemps ; n'y faifant couler l'eau
qu'apres l'efté, apres qu'il fera bien feché à l'ombre , de crainte qu'il ne
fende par la trop prompte fecheref e. D'autres canaux font faits de
grés, ou autres terres propres à potier, bien cuits, couchez & reueftus
en maçonnerie, les pieces emboitées l'vne dans l'autre, auec ciment de
chaux & tuilleau, ou ciment à feu. Autres canaux font faits de plomb
en table, la iointure qui eft fur la longueur foudée auec foin , & l'em-
boiture des pieces auf i, ou mifes auec ciment à feu ; ils feront meilleurs
eftans auf i reueftus de maçonnerie. Autres canaux font auf i faits de
plomb fondu, & ietté dans des moulles, & par la fonte fort chaude, font
encor iointes les pieces les vnes aux autres : ils peuuent auf i eftre tirez
par la filliere, les reduifant à fi petit diametre & efpaiffeur qu'on defirera.
Les moindres canaux font faits de bois , lequel eftant couppé par pieces
d'vne toife de long , font percez auec tairieres, & emboittez l'vn contre
l'autre par vne virolle de fer trenchante des deux coftez, qui entre dans
les deux pieces , ou emboittez l'vn dans l'autre iuftement le bout qui
recouure l'autre lié d'vne frette de fer : On employe à ceux-cy toutes
fortes de bois, qui en peu de temps perd les mauuaifes qualitez qu'il
pourroit auoir, donnant odeur, faueur, ou couleur à l'eau : Voire on y
employe les bois qui ne feruent à charpenterie, comme l'Aune , Bou-
leau, & autres de peu de valeur, qui feruent vtilement à cecy , l'eau les
conferuant fous terre, quand ils ne prennent air : mais toufiours le
meilleur bois y eft le meilleur, comme les ieunes Chefnes ou Chaftaigners.

CHAPITRE XI.
Des Grotes.

LES Grotes font faites pour reprefenter les Antres fauuages, foit qu'elles foient taillées dans les rochers naturels, ou bafties expreffément autre part: auffi font-elles ordinairement tenuës fombres, & aucunement obfcures. Elles font ornées d'ouurages ruftiques, & d'étoffes conuenantes à cette maniere, comme pierres fpongieufes & concaues, efpeces de rochers, & cailloux bigearres, congelations, & petrifications eftranges, & de diuerfes fortes de coquillages, qui par leurs formes & couleurs bien ordonnées font de beaux enrichiffemens: les goutieres & reialliffemens d'eau, y font propres & bien feants, rendant les chofes plus naturelles.

Auec les eaux encor on peut faire mouuoir des engins & machines, par l'ayde defquels marchent des figures, ioüent des inftrumens de mufique, fifflent & chantent des oyfeaux, & d'autres animaux contrefaits, des arbres & plantes y font moullés, formez & peints, comme s'ils eftoient naturels. Mais les figures de fculpture, de marbre, ou bronze, faites de la main d'excellents ouuriers, apportent vne grande grace & magnifique ornement à ces lieux foufterrains: voire toute la ftructure eftant difpofée par bon ordre d'architecture ruftique, ou meflée de la polie, augmenteroit dauantage la beauté de l'œuure, comme fi la nature & l'art à l'enuy embelliffoient le lieu. On peut mefme y pofer des tableaux de peinture, ou peindre à frefc contre les murailles, telle hiftoire, & en tel lieu qui y conuiendront bien, & augmenteront d'autant la beauté, que fera excellente la main & fuffifance de l'ouurier. Les peintures que nous appellons grotefques, ont efté inuentées par les Anciens pour ce fujet, defquelles il fe voit encor auiourd'huy dans quelques antiquitez foufterraines, où font contrefaits des animaux & autres reprefentations de formes & geftes extrauagants, aucuns naturels, & d'autres contre nature, pour rendre ces lieux d'autant plus bigearres.

CHAPITRE XII.

Des Vollieres.

LES Vollieres donneront aux Iardins vn embellif-fement fort diuers, par les diuerfes formes & inuen-tions, dont elles feront conftruites, & par les diffe-rens oyfeaux qui y feront mis, par leurs chants & ramages, & fpecialement en la confideration de leur naturel, qui peut eftre plus facilement reconnu là, que quand ils font en liberté : car ils ne laiffent pour leur prifon de s'accoupler, faire l'amour & multiplier, s'entrebattre par ialoufie, ou fe ralier enfemble, & faire tou-tes autres actions ordinaires. Il eft befoin qu'elles foient partie cou-uertes, & partie découuertes, afin que les oyfeaux qui n'ont moyen d'al-ler chercher les climats & retraites qui leur feroient propres, trouuent fous le couuert quelque foulagement contre la rigueur des faifons, & qu'ils ioüiffent auffi en partie de l'air qui leur eft plus particulier qu'à toutes les autres creatures. Leurs cages doiuét eftre oppofées au Septen-trion, pour receuoir moins de froid, qu'vn ruiffeau naturel, ou artificiel paffe dedans, ou autre eau belle & claire pour abreuuer & baigner les oyfeaux ; que des arbres y foient plantez pour déguifer d'autant plus leur prifon, & leur feruir de perches.

CHAPITRE XIII.

De la diftinction des Iardins.

AVCVNS faifans diftinction des Iardins, en ont dit de quatre ou cinq fortes, ils ont mis les ouurages de compartimens & morefques, & autres embel-liffemens bas dans les parterres, qui eft proprement leur place. Mais ils en ont fait vn Iardin à part, que ie trouuerois trop plat & nud, s'il n'eftoit acccom-pagné d'autres corps releuez qui y conuiennent : ils en ont fait vn des plantes que l'on mange, qu'ils ont dit Potager : vn autre des fleurs, qu'ils ont dit Bouquetier : vn autre des arbres fruiétiers, qu'ils nomment Verger : vn autre des herbes medecinales, fans compter d'autres manieres de Iardi-nages qui pourroient bien tenir leur rang, s'il eftoit befoin de feparer chacune forte à part.

Telles diftinctions feroient propres pour des particuliers, faifant pro-feffion d'vn meftier qui regarde ces differences, comme le Iardin me-

K iij

decinal, à vn Apoticaire ou à quelqu'vn qui enſeignaſt la Medecine ;
le Bouquetier à ceux qui vendent les bouquets pour les feſtes & nopces ;
le Potager pour les Iardiniers de Paris qui en font ſi bien leur profit,
& ainſi des autres. Mais ſi nous voulons faire des Iardins qui ſoient
pour donner plaiſir & vtilité enſemble, ils ne ſeront conuenants à gens
de baſſe condition, ains ſeulement aux Princes, Seigneurs, & Gentils-
hommes de moyens: car les beaux Iardins ſe font & entretiennent auec
dépenſe, & n'y a que ceux des Iardiniers qui rembourſent leurs maiſtres
des frais qu'ils y font, encor faut-il eſtre en lieu de bon debit.

Donc pour faire vn beau Iardin conuenant à gens de qualité, ie tiens
que ces diuerſitez entremeſlées & bien ordonnées, font vn embelliſſement plus grand par leur varieté, qu'elles ne pourroient eſtant ſeparées:
Et n'entends pas pourtant qu'on les broüille enſemble, en les entremeſ-
lant confuſément, ains qu'en iugeant de la conuenance ou repugnance
que les choſes ont enſemble, on les approche ou eſloigne, faiſant de
tous arbres & plantes les embelliſſemens à quoy ils ſeront propres, &
s'en ſeruant ainſi qu'il appartiendra : car la pluſpart de ces embelliſſemens ne ſont point ſans quelque beauté & grace particuliere, qui ſied
bien quand elle eſt bien appliquée.

CHAPITRE XIV.

Du Iardin de plaiſir.

QVE ſi le Prince ou autre Grand faiſoit diuers Iardins, pour ne laiſſer les fruicts à l'abandon des gens
de ſa ſuitte, il ſuffira de les ſeparer en deux ; l'vn
pour le plaiſir & beauté, qui aura les fontaines
enrichies, les canaux & ruiſſeaux enioliuez, les
grottes & lieux ſouſterrains, les vollieres, les galleries ornées de peinture & ſculpture, l'orenge-
rie, les allées & promenoirs mieux agencez, cou-
uerts ou découuerts, les pelouſes & preaux pour les ieux de ballon, &
exercices de la perſonne, les longs ieux de palmail, les boſquets, les autres corps de relief, bien diſpoſez és enuirons des parterres, ou entre-
meſlez par dedans, ainſi qu'il conuiendra: Dedans les planches des parterres & eſpaces ſeront les fleurs & les plantes, qui y pourront donner
grace, ſoit les medecinales, ou ſeruans aux ſalades, qui ont de belles
qualitez, pour les embelliſſemens, & font des tapis de belles couleurs.
Les plantes qui portent fleurs, & viennent plus hautes qu'il n'eſt ſeant
au dedans des parterres, ſeront miſes en bordures, ou le long d'icelles
ſi leur pied ſe trouuoit dégarny, ou ſeront plantées vne à vne pour ſeruir au relief, ainſi que l'ordonnance du Iardin requerra.

CHAPITRE XV.

De Iardin vtile.

EN l'autre Iardin feront les arbres fruictiers, plantez par lignes le long des allées & principaux departemens, qui formeront de grands efpaces pour les herbes potageres, & autres portans fruicts bons à manger, qui veulent grand air & grand foleil, comme les melons. Ce Iardin, non moins que l'autre, demande vne grande eftenduë, & plus que l'autre a befoin d'vn bon fonds, qui eftant bien cultiué de labourage & amelioration, donnera aux arbres & aux plantes la nourriture qui leur conuiendra. Car comme nous auons dit au transplanter des arbres, les fruictiers demandent cecy, ayant befoin de grande & bonne nourriture, laquelle ils ne trouuent fi bien appreftée, quand ils font plantez en ordre quinconce, pour les raifons que nous auons dites, quelque grand cas qu'ayent fait de telle ordonnance les Anciens & Modernes. On pourra mettre en ce Iardin les Pepinieres, & lieux de prouifion de toutes fortes de plantes : l'amas des fiens neceffaires, les couches, les attelliers des manouuriers, les magafins de bois, ofiers, clayes, ais, & autres vtenfiles & ferremens, fous des galleries & couuers : le lieu pour recueillir & ferrer les femences, les couuers & retraites des plantes qui craignent le froid, & pour la garde des fruicts, les fours pour les cuire, les demeures & petites ménageries des Iardiniers dans des cours feparées.

Ce Iardin ne demeurera auffi fans embelliffemens d'artifices : car des allées y feront couuertes en berceaux, ou en plats fons, plantées de mufcats & autre vigne exquife, ou pour verjus, des efpalliers & hayes d'appuy, feront faits d'autres fruictiers, qui ont befoin de culture & amelioration. L'agencement des autres plantes donnera auffi de beaux ornemens par leurs formes & couleurs diuerfes, fi elles font bien difpofées. Les courges & coyes feront auffi des couuerts, ayant befoin d'eftre fouftenuës & efleuées, les artichaux des bordures, & autres grandes plantes : les petits fraifiers mefme feront des labyrintes & guillochis, d'autres des tapis de pied bien feants, & chacune chofe eftant plantée en planches bien ordonnées donneront grand plaifir.

Ce Iardin auffi ne doit eftre fans eau, en ayant beaucoup plus de befoin que l'autre, & fi naturellement, ou par artifice, elle ne peut eftre fituée fi haut, qu'elle puiffe couler d'elle mefme dans les endroits du Iardin qui en auront befoin, il faudra y creufer des puits, ou autrement faire prouifion d'arrofement ; car fans raifon demanderions-nous vn foleil vigoureux, fi nous n'auions l'eau commode pour rafraichir & humecter la terre, quand elle fera trop efchauffée & deffeichée, de quoy nous auons

parlé aux arrosemens. Or si la quantité d'arbres fruictiers, requise &
tant vtile, demandoit plus de terre qu'on n'en pourroit employer en Iar-
dinages, d'herbes pour manger, ou legumes, on peut encor y faire des
lins & chanures. Mais plusieurs espaces y seront remplis bien à propos
de vigne, de plan, & visan bien choisi, tant pour en recueillir du vin, que
pour auoir en la saison des raisins à manger, & pour en garder prouision,
cuits, ou crus, car cettuy-cy n'est des moindres fruicts dont on doiue
faire cas. Ces espaces de vigne seront enuironnez d'arbres, qui ne portent grand ombrage, la vigne n'en ayant besoin que du sien propre, pour
lequel Nature l'a pourueuë de son pampre, & larges feüilles : doneques
les Amendiers & Peschers, les petits Ceriliers & Grenadiers, y seront
employez, & les Figuiers, & ils s'accommodent bien ensemble, quand
ils sont tenus bas, aymant tous grand labourage. Pour encor mieux defendre cette vigne, il sera bon de l'enuironner d'vne bordure & haye
d'appuy, laquelle estant treillissée de bois mort, la vigne mesme s'atta-
chera contre, ou bien elle sera plantée de rosiers, qui auec les arbres participeront au labourage de la vigne, & rendront en odeur, & autres pro-
prietez la recompense du soin qu'on prendra d'eux.

CHAPITRE XVI.

Des Espaliers.

RESTE de parler des Espaliers, qui ne seruent pas
seulement à l'embelissement & ornement des Iardins, mais aussi sont de profit & vtilité. On en
tresse, parce qu'au Printemps arriuent souuent
des matinées fraisches & des gelées blanches, causées, soit par la fraischeur de la terre, soit par le vent
du Nort, qui gastent les fleurs plus hastiues & delicates, comme sont celles des Abricotiers, & de
toutes sortes de Peschers, & mesmes de quelques Poiriers, & nous ostent
le contentement de leurs fruicts. Afin donc de preuenir ces inconueniens qui sont assez ordinaires, on s'est aduisé de chercher des abris contre des murailles, qui par leur hauteur & épaisseur garantissent du mauuais vent, & receuäs les rayons du Soleil augmétent la force de la chaleur.
Et les arbres plantez contre telles murailles, treillissez & agencez conuenablement sur des perches y attachées, c'est ce qu'on appelle Espaliers,
desquels nous auons à parler & monstrer comme ils doiuent estre faits.

Il faut donc premierement choisir vn mur de closture, qui ait le Soleil
Leuant & le Midy, & qui soit bien fait & esleué au moins, s'il est possible,
de douze pieds de haut : car plus il est haut, plus long temps il sert à cét
vsage d'Espaliers. De toise en toise de largeur il le faut garnir de trois
crochets de fer, attachez l'vn au dessus de l'autre, l'vn à vn pied de di-
stance

ſtance de terre, l'autre de cinq, l'autre de dix, & ce dernier débordant du mur trois doigts plus que les autres pour le ſuiet que nous dirons tantoſt.

Secondement il faut faire vne tranchée d'vne toiſe de largeur en la prenant du pied du mur, & de quatre pieds de profondeur, dans l'Eſté ſi cela ſe peut, & la laiſſer ainſi ouuerte deux ou trois mois, afin que le fonds d'icelle puiſſe iouyr & de la chaleur du Soleil, & de l'humidité des pluyes. Sur le commencement de l'Automne il la faut remplir de la meſme terre, ſi elle eſt bonne, en l'amendant pourtant encor auec du fiens bien conſommé, ou ſi elle n'eſt pas toute bonne, oſter celle qui eſt mauuaiſe, comme la terre argilleuſe & le ſable iaune ou rouge, & y en remettre d'autre apportée d'ailleurs. Car ſi on plante en mauuaiſe terre, ou qui ne ſoit point amendée, les arbres ne prennent qu'à peine, & ſont comme en langueur ſans pouuoir profiter, au moins en croiſſent lentement.

Les arbres qu'il y faut planter, ſont ceux qui ſont les plus tendres au froid: comme les Abricotiers, toutes ſortes de Peſchers, ſoit venans de noyau, ſoit entez ou ſur leur propre eſpece, ou ſur Pruniers, Abricotiers, & Amandiers; diuerſes eſpeces de Pruniers, pluſieurs ſortes de Poiriers qui doiuent eſtre entez ſur Eſpines ou ſur Coigniaſſiers, pour demeurer nains, des Figuiers, & s'il y en a encore quelques autres de meſme temperament, ou qu'on deſire aduancer.

On les peut planter en deux ſaiſons, c'eſt à ſçauoir en l'Automne & au Printemps. Ie prefere l'Automne, par ce que la terre a encore quelque chaleur, & que les arbres ont du temps auant la rigueur de l'hyuer, pour commencer à lier leurs racines auec la terre, pour le moins s'accommoder auec elle, afin d'en tirer aide pour ſe defendre contre le froid. Pour cét effect il les faut prendre dés qu'ils commencent à ſe dépoüiller de leurs feüilles, & en les plantant les arrouſer vne bonne fois, ſi la terre eſt ſeiche. Et alors ie n'eſtime pas qu'il ſoit bon de les tailler, ſur tout s'il y a de groſſes branches à oſter, parce que le grand froid ſuruenant, & trouuant de ſi grandes playes, pourroit penetrer au dedans, & faire mourir l'arbre, & au moins l'incommoder grandement. Il vaut mieux attendre vers la fin de l'hyuer à en retrancher ce qui eſt conuenable. Si on plante au Printemps, il faut planter les arbres haſtifs, comme les Abricotiers & Peſchers, pluſtoſt que les tardifs, comme les Poiriers, & Figuiers, & les tailler, & couurir la playe de cire, raiſine, ou choſe ſemblable, afin que la chaleur ne la ſaiſiſſe, & ne l'empeſche de ſe recouurir.

Il ne les faut pas planter ny plus profondément que d'vn pied, ſur tout en lieux froids & humides; ny plus prés les vns des autres que de quinze pieds, parce qu'autrement leurs branches ſe toucheroient incontinent & ſe confondroient, & ne porteroient pas tant de fruit: l'experience faiſant cognoiſtre qu'vn arbre eſtendu à ſon aiſe, portera plus de fruit, que quatre qui s'entrepreſſent & ſe couurent les vns les autres.

L

Au mois de May que les chaleurs commencent à venir, la terre ayant
esté prealablement labourée, il faut la premiere année la couurir toute,
s'il est possible, de quatre doigts d'épais de fougere amassée de l'année
precedente, ou de paille, ou de foin, ou d'autre chose semblable, pour
conseruer la fraicheur aux nouueaux plants. Si l'année se trouue seiche
& chaude, il faut arrouser assez largement de quinze iours en quinze
iours pardessus la fougere mesme, & sans l'oster : Car il vaut mieux en
donner ainsi beaucoup & peu souuent, que d'y retourner deux fois la
semaine, ce qui ne fait que battre la terre & la durcir. Vers la S. Iean il
sera bon de destourner la fougere, & de donner vn autre labour, en se
donnant soigneusement garde de toucher aux racines des arbres : parce
que le labour tient la terre plus fraische en ouurant ses pores, & y faisant
entrer l'air. Et cela fait il faut remettre la fougere, & recommencer la
mesme chose à la fin de Septembre.

Cette mesme année il faut laisser pousser aux plants tout le bois qu'ils
voudront, sans les blesser & les alterer en leur ostant leurs iets, au moins
y doit-on aller auec grande discretion & retenuë : mais il n'est pas bon
de leur laisser porter fruit, parce que cela les auorte, & les empesche de
pousser du bois. Il faut aussi laisser les iets libres sans les lier & violenter :
mesme il n'est pas besoin de dresser l'Espailler, parce que le bois ne seroit
que se pourrir inutilement aux pluyes. Mais la seconde année si les plans
ont fort poussé, ou la troisiéme sur la fin de l'Hyuer, auant que les bourgeons des arbres poussent, il le faut dresser, & y lier doucement les ra-
meaux des arbres, en les eslargissant & estendant conuenablement en
forme d'éuentail, & en retranchant les petites branches du dedans qui
ne peuuent ny pousser de beau bois, ny se tourner en bourgeons à
fruict : Et continuer à labourer la terre quatre fois l'an, à sçauoir au
printemps, à la Sainct Iean, à la fin de Septembre, & au commencement de l'hyuer.

En labourant il faut se donner de garde d'enterrer le collet de la
greffe du Poirier ou Pommier enté sur Coignassier, parce qu'il pourroit
prendre racine, & croistroit puissamment comme vn arbre franc, sans
qu'on le peust retenir nain.

Quand les Espaliers sont en fleur il arriue par fois des gelées du matin, & en suite de grandes ardeurs du Soleil qui broüissent les fleurs, &
font perir le fruict. Il faut preuenir le mal par le moyen des plus hauts
crochets, dont i'ay parlé, débordans du mur plus que les autres. Car en
attachant des perches de l'vn à l'autre, & à ces perches des toiles qui se
couleront iusqu'au bas, sans toucher les fleurs & les fouler, on sauuera
le fruict.

Il n'est pas bon de laisser noüer du fruit aux bouquets de fleurs qui
viennent par fois à la pointe des branches, tant parce qu'elles sont foibles, que parce que la séve montant là seroit diuertie du bas & du milieu des branches, qui sont proprement le vray lieu où le fruict doit
croistre.

Les Espaliers estans en leur beauté , il faut pour les y conseruer tant que faire se pourra , prendre garde aux bourgeons que les arbres poussent soit vers le pied soit vers les premieres branches qui se diuisent , & y laisser ceux qu'on iugera les plus propres pour reparer & entretenir le bas de l'arbre en sa beauté. Il est bon mesme d'auoir tousiours des arbres de toutes les especes, plantez en terre dans des paniers & manequins, à fin que si parauenture vn des arbres de l'Espalier vient à mourir, on y en puisse aussi tost remettre vn tout pris, & qui poussant aussi fort selon sa portée que les autres de l'Espalier, n'en desfigure pas si fort la grace & la beauté, qu'vn autre qui auroit à prendre terre auec vn long temps.

FIN.

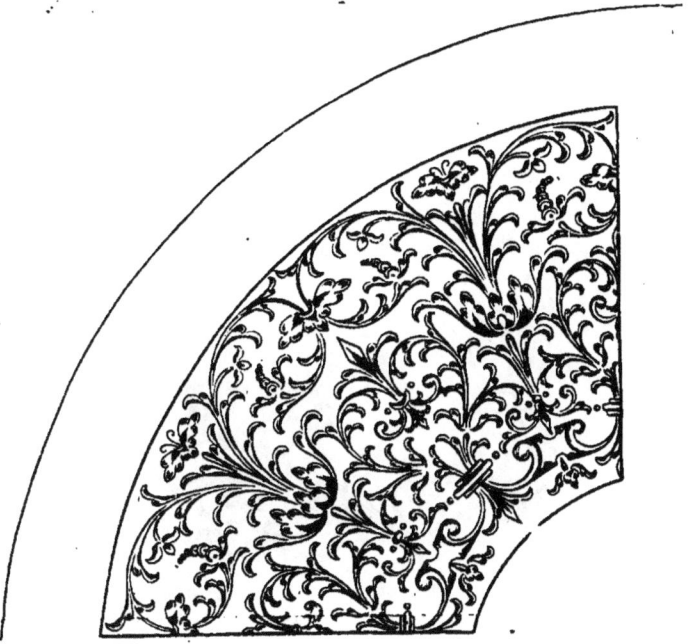

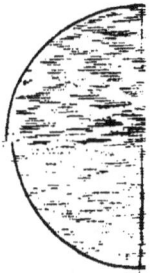

Royne mere a Suxembourg

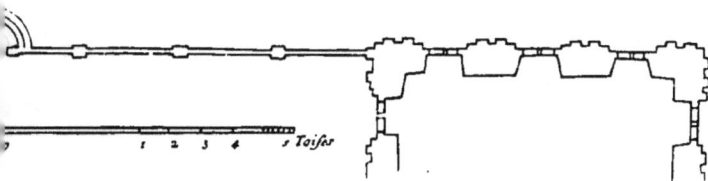

1 2 3 4 *5 Toises*

Grand Parterre du Jardin de

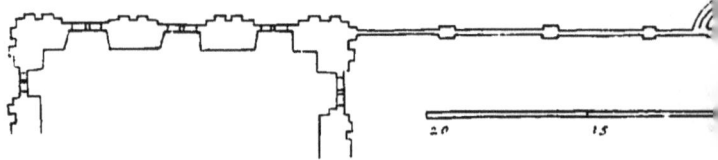

1 2 3 4 5 6 Toises

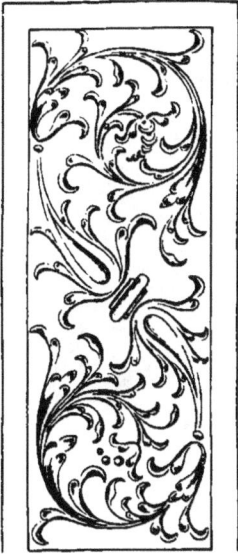

1   2   3   4   5   10 *Toises*

1 2 3 4 5   10 Toises

10 Toises

Parterre du Chasteau de Verssaille

1 2 3 4 5   10 Toises

grottes de St Germain en Laye

1 2 3 4 5   10 Toises

grottes de St Germain en Laye

Defsein Pour le Parterre d...

1 2 3 4 5   10 *Toises*

1 2 3 4 5   10 Toises

1 2 3 4 5 6 Toises

auec ses frises et Guillochis

1   2   3   4   5   10 Toises

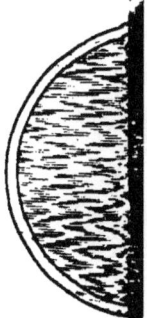

Parterre Quarre

1 2 3 4 5   *10 Toises*

Parterre Quarre

10 Toises

1 2 3 4 5   10 Toises

10 Toises

10 Toises

1   2   3   4   5   10 *Toises*

1 2 3 4 5   10 Toises

1   2   3   4   5   10 Toises

1 2 3 4   8 Toises

1 2 3   6 *Toises*

1 2 3 4 5 6 Toises

1   2   3   4   5   6 Toises

Toises 5 4 3 2 1

din du Louvre.

1 2 3 4 5 6 Toises

10 Toises

1 2 3 4 5   10 Teises

1 2 3 4 5   10 Toises

Parterres des costes de la fontaine du Mercure a S.t Germain a laye.

Frises du Jardin des Tuilleries

1 2 3 4 ... 10 Toises

Desoubs la terrace de meurriers

Frises du Jardin des Tuilleries

1 2 3 4 5   10 Toises

Desoubs la terrace des meuriers

1 2 3 4 5   10 *Toises*

1   2   3   4   5   10 Toises

1 2 3 4 5   10 Toises

6 Toises

1   2   3   4   5 *Toises*

Frises Diferentes

1   2   3   6. *Toises*

1   2   3   4   5 Toises

6 Toises

1   2   3   4   5 Toises

1 2 3 4 5 6 *Toises*

1 2 3 4 5   10 Toises

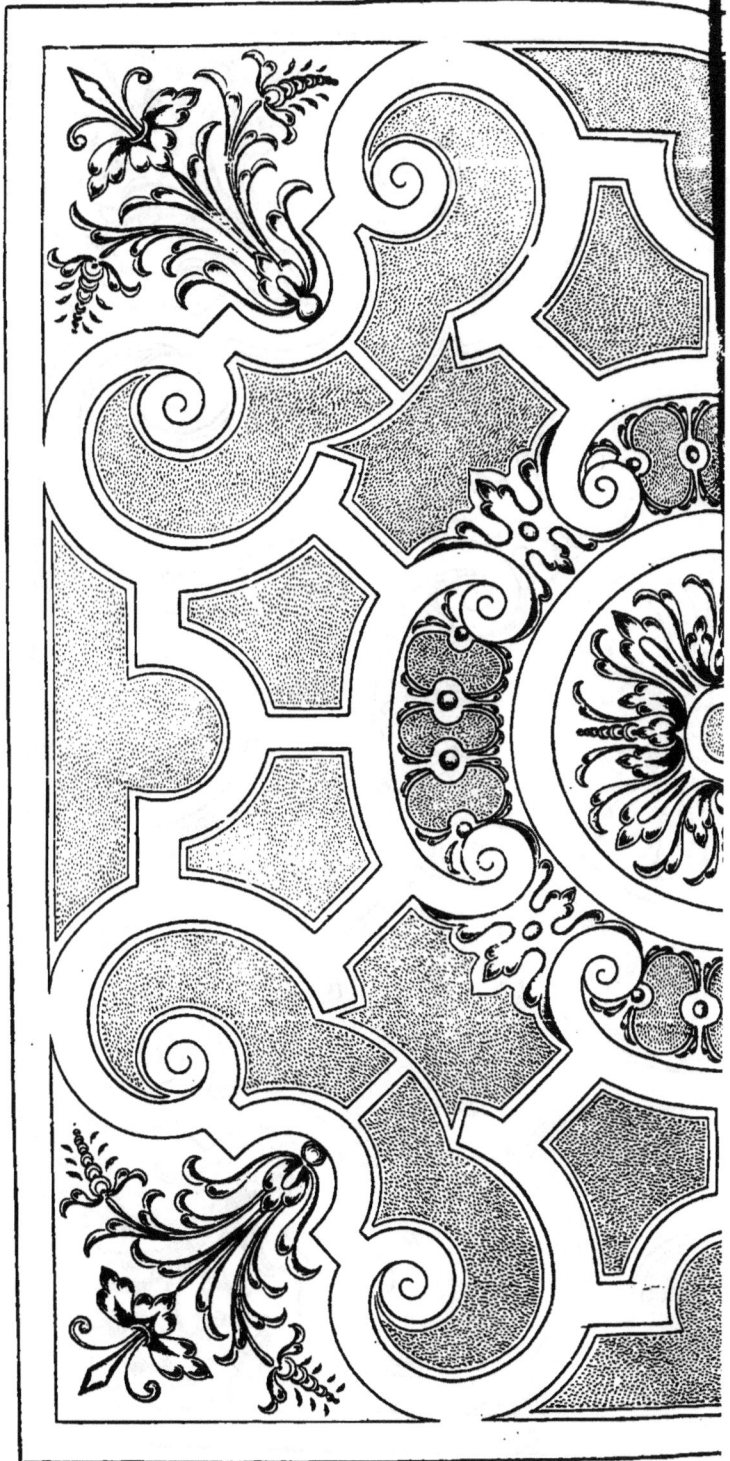

1 2 3 4 5   101 *Toises*

1 2 3 4 5 6 Toises

1 2 3 4 5 6 *Toises*

1   2   3   4   5 Toisn

D.R.

1 2 3 4 5 Toises

                     1   2   3   4   5 Pieds

1   2   3   4   5 Poisco

1 2 3 4 5 6   12 Toysos

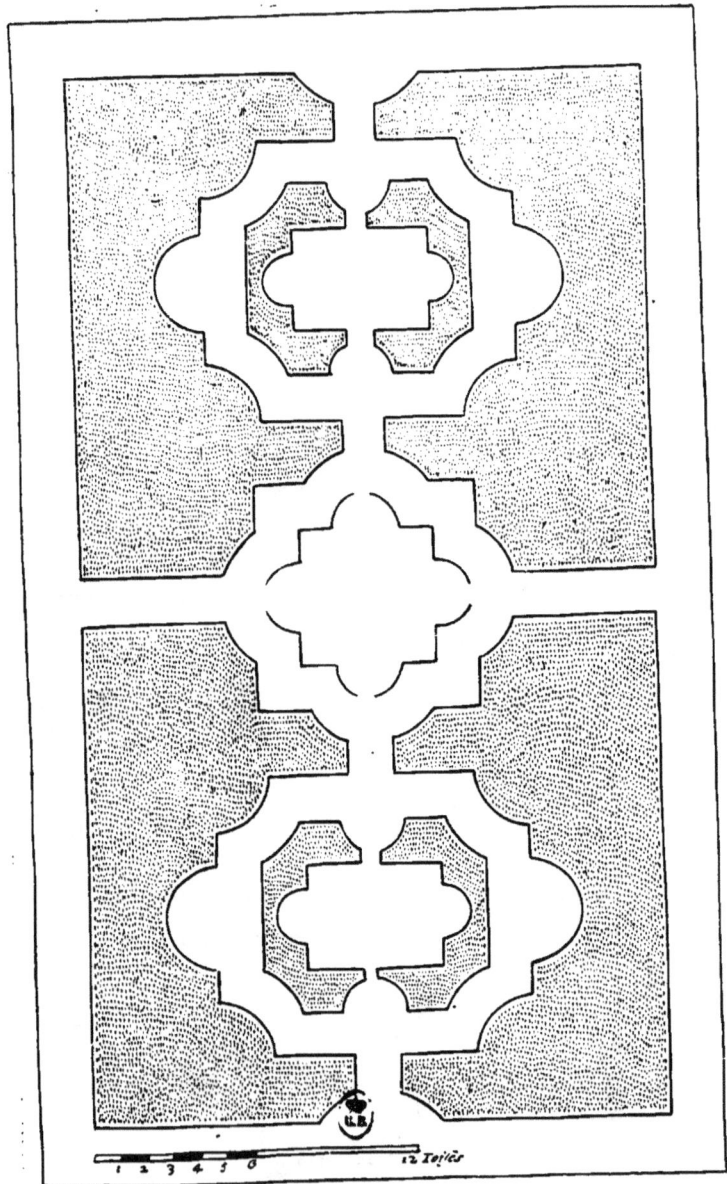

www.ingramcontent.com/pod-product-compliance
Lightning Source LLC
Chambersburg PA
CBHW072015080426
42733CB00010B/1720